**학습 목표**

- 이미지의 개념을 이해하고 이미지 구성 요소를 파악하여 본인의 이미지를 분석할 수 있다.

- 이미지메이킹의 개념과 단계를 이해함으로써 본인의 이미지 개선 방안을 찾을 수 있다.

- 성공적인 이미지메이킹을 위한 개발 요소를 파악할 수 있다.

제1절   이미지메이킹의 의미와 중요성

① 이미지메이킹의 의미

이미지(Image)란 사전적으로는 '심상', '영상', '인상' 등을 의미하며, 특정 개인을 떠올렸을 때 그 개인이 가지고 있는 독특하고 고유한 느낌을 말하기도 한다. 이미지는 개인이 가지고 있는 외모뿐만 아니라 표정, 말씨, 옷차림, 걸음걸이와 태도, 성격 등이 부합되어 외부로 보여지는 것을 말한다. 사전적인 의미의 이미지메이킹은 '이미지 만들기', '이미지를 향상시키다', '이미지를 바꾸다' 등의 의미를 가지고 있다. 궁극적으

로 이미지메이킹이란 자신의 바람직한 상을 정해놓고 그 이미지를 현실화하기 위해서 자신의 잠재 능력을 최대한 발휘하여 가장 긍정적이고 매력적인 모습으로 자신을 만들어 가는 의도적인 변화 과정이다.

개인의 이미지는 내적 이미지(본질)와 외적 이미지(현상), 사회적 이미지(관계)로 구분된다. 내적 이미지는 한 사람의 내면을 일컬으며 성격이나 인품, 가치관, 자존감 등 자기 마음의 이미지이다. 내면 이미지를 기반으로 지속적이고 진실한 외적 이미지를 유지할 수 있기 때문에 내면 이미지는 중요한 요소이다. 반면 외적 이미지는 외모, 표정, 언행, 자세, 걸음걸이 등으로 외부로 표출되는 요인들을 말하며 비교적 빠른 기간에 변화시켜 그 효과를 얻을 수 있는 특징이 있다. 하지만, 내적 이미지를 긍정적이고 밝은 이미지로 가꾸어 가지 않는다면 단시간에 만들어진 외적 이미지는 부정적인 이미지로 변화되어 갈 것이다. 따라서 내

적 이미지와 외적 이미지메이킹을 동시해 하는 것이 가장 훌륭한 이미지메이킹이라 할 수 있다.

항공사 객실 승무원은 항공사의 이미지를 대표하는 가장 핵심적인 인적 서비스 영역을 담당하고 있다. 따라서 항공사 객실 승무원은 깔끔하고 세련된 신뢰감을 가진 외적 이미지뿐만 아니라 서비스에 진심이 느껴지는 내적 이미지를 동시에 메이킹하는 것이 중요하다.

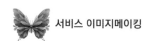

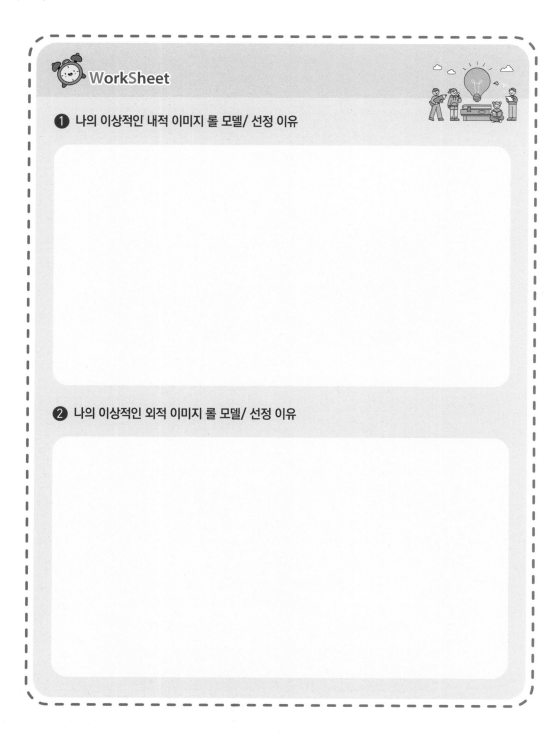

WorkSheet

❶ 나의 이상적인 내적 이미지 롤 모델/ 선정 이유

❷ 나의 이상적인 외적 이미지 롤 모델/ 선정 이유

② 이미지메이킹의 중요성

근래 들어 취업난이 장기화되면서 구직자의 첫인상과 외모, 이미지가 채용 면접에서 커다란 변수로 작용하고 있다. 한 기업의 인사 담당자를 대상으로 "채용 시 구직자의 외모가 영향을 미치는가"라는 설문 조사를 실시한 결과 인사 담당자의 66.7%가 '그렇다'라고 답했다. 73.7%의 인사 담당자들은 실력이 뛰어나지만 비호감형인 사람보다는 실력이 부족하지만 호감형인 사람을 택하겠다고 답해 외모가 중요한 경쟁력으로 부각되고 있음을 시사했다. 따라서 현대 사회에서 타인에게 나를 긍정적이고 매력적으로 보이기 위해 이미지메이킹이 필요하다.

항공사 객실 승무원은 항공사의 이미지를 대표하는 인적 서비스 요소로써 고객을 최접점에서 서비스하기 때문에 승무원의 외적 이미지는 매우 중요한 요소이다. 또한 승무원의 외적 이미지는 승객들이 항공사를 결정하는 데 있어서 고려하는 요인 중 하나

이다. 항공사 객실 승무원은 항공기에서 안전 업무를 우선순위로 하여 서비스 업무를 담당하고 있다. 서비스에는 Beverag , Meal, Duty Free SVC가 주를 이루고 있는데, 이때 손님에게 보여지는 객실 승무원의 머리 모양, 화장, 유니폼의 상태, 얼굴 표정, 행동 그리고 말투가 항공사에 대한 이미지이기 때문에 긍정적인 이미지를 심어주기 위해서는 자신만의 이미지메이킹이 반드시 필요하다.

첫인상의 법칙

첫인상을 결정하는 '7초의 법칙'이 있다. 사람들이 누군가를 처음 만났을 때 7초만에 호감과 비호감의 이미지를 결정한다는 이론이다. 그런데 중요한 것은 7초 안에

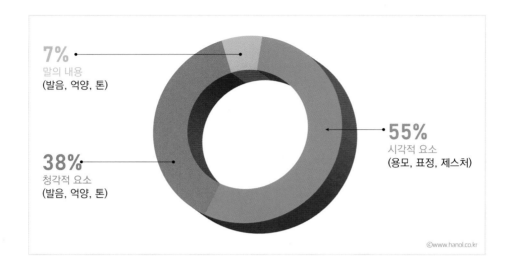

7%
말의 내용
(발음, 억양, 톤)

55%
시각적 요소
(용모, 표정, 제스처)

38%
청각적 요소
(발음, 억양, 톤)

©www.hanol.co.kr

결정된 이미지가 비호감일 경우 48시간의 공을 들여야 호감의 인상으로 바꿀 수 있다는 것이다. 그만큼 첫인상은 사람들과의 만남에서 매우 중요한 요소이다. 캘리포니아대학교 로스앤젤레스 캠퍼스(UCLA) 심리학과 명예 교수인 앨버트 메라비언(Albert Mehrabian)은 사람의 호감/비호감을 결정짓는 데는 외적인 것이 중요하다고 말한다.

앨버트 메라비언(Albert Mehrabian)이 1971년에 출간한 저서 《Silent Messages》에 따르면 한 사람이 상대방으로부터 받는 이미지에서 언어, 즉 말의 내용이 차지하는 비중은 고작 7%였고, 그 외 청각적 요소 38%, 시각적 요소는 55%를 차지했다.

손님이 항공기에 탑승하여 가장 먼저 접하는 사람이 승무원이다. 승무원의 "안녕하십니까", "어서오십시오" 하는 밝은 인사와 깔끔하고 세련된 시각적인 요소는 항공사의 첫인상을 결정지을 수 있기 때문에 승무원의 첫인상 이미지메이킹은 중요한 요소로 자리잡고 있다.

❶ 초두 효과

초두 효과란 최초에 수집된 정보가 나중에 수집된 정보를 해석하는 지침을 마련해준다는 이론이다. 즉, 먼저 들어온 정보가 나중에 들어온 정보보다 상대의 이미지를 형성하는 데 더 큰 영향력을 발휘한다는 것이다. 따라서 첫인상의 순간적인 이미지는 강력한 힘을 가지고 사람들이 머릿속에 '일관성'을 유지하려는 심리적 압력으로 작용한다. 첫인상이 좋은 사람이 실수하면 '그럴 만한 이유가 있겠지' 하고 너그럽게 평가하는 반면, 첫인상이 안 좋은 사람이 실수하면 '그럴 줄 알았어'라고 일관성 있게 평가한다는 것이다. 이 일관성 원리는 우리가 모르는 사이에 우리의 많은 사고 과정을 지배하고 있다.

❷ 후광 효과

후광 효과란 어떤 사람의 특정한 한 가지 면을 보고 다른 면까지 평가하는 데 영향을 받는 현상이다. 즉, 어떤 사람이 가지고 있는 두드러진 특성으로 연관되지 않은 다른 특성을 좋거나 나쁘게 평가하는 것을 의미한다. 예를 들어 첫인상이 좋은 사람은 그 이외의 성격이나 인간관계 등이 좋을 것으로 평가하는 것이다.

그래서 후광 효과로 인한 좋은 인상은 긍정적인 방향으로 작용하고 나쁜 인상은 부정적인 방향으로 작용할 수 있다. 그러므로 좋은 첫인상을 만들기 위해 현대 사회에서는 이미지메이킹이 필요한 것이다.

긍정적인 첫인상을 주는 요령

- **자신감 있는 태도** – 망설이지 말고 반듯한 자세로 상대를 향해 나아간다.
- **상황에 맞는 옷차림** – 너무 멋을 부리거나 경박한 차림이 아닌, 자신의 스타일에 맞는 편안한 옷이 좋다.
- **긍정적인 마음가짐** – 상대방과 나눌 대화에 기대를 가지자. 호기심을 갖고 서로 일치하는 면을 찾자.
- **상대방에 쏟는 관심** – 정신을 상대에게 집중하면 상대방도 당신의 관심을 알고 그것을 호감의 신호로 받아들이게 된다.
- **시선 접촉과 웃음** – 절대로 상대방을 계속해서 응시하거나 시선을 아래로 떨어뜨리지 말자.
- **명료하고 솔직한 인사** – 지나가는 말투로 얼버무리는 인사는 금물이다.

제2절   이미지메이킹 구성 요소

① 외모

외모는 상대방에게 호감을 줄 정도로 개인의 특성과 성향에 따라 다르게 메이킹한다. 단정한 용모와 복장은 상대방에게 친근감과 편안함을 전달할 수 있다. 외모는 그 사람의 옷차림, 메이크업, 헤어스타일, 피부에 이르기까지 그 사람의 개성과 특성이 외부로 표출되는 모습으로써 이미지메이킹의 중요한 구성 요소이다.

② 표정

표정은 눈과 입의 모양에 따라서 달리 표현된다. 표정은 마음속의 감정이나 정서 따위의 심리 상태가 얼굴에 나타나는 현상이다. 즉, 내 마음을 남에게 보이는 창구이다. 또한 표정은 다른 사람에게 자신의 이미지를 전달하는 중요한 요소이므로 항상 밝은 표정으로 대인관계를 형성하여 긍정적인 이미지를 구축하는 것이 필요하다.

③ 자세

자세는 서비스인이나 항공사 객실 승무원으로서 지녀야 할 바른 자세를 말한다. 서비스인, 항공사 객실 승무원은 어떤 장소에서도 바른 자세를 유지해야 한다. 선 자세, 앉은 자세, 걷는 자세, 말할 때의 제스처 등은 자신의 이미지를 결정하는 요소이다. 서비스인이나 항공 객실 승무원이 바른 자세를 취할 때 손님의 신뢰도가 상승하는 효과가 있다.

④ 행동

행동은 욕구와 습관의 작용과 감정과 생각의 영향을 받는다. 표정과 외모는 동반되며 화술과 자세에도 영향을 미친다. 행동의 저변에는 심성이 잠재되어 있어 평소의 습관이 행동으로 나타난다.

⑤ 화법

화법은 모든 행동의 기본이다. 화법은 생각의 영향을 받고 습관이 말로 표현되는 것이다. 예의 바른 화법은 그 사람의 인성과 인격을 전하는 중요한 역할을 한다.

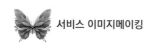

제3절 **이미지메이킹의 5단계**

❀ 1단계 _ 자신을 알라(Know yourself)

자신을 알고 정확히 파악하는 단계 객관적으로 남들이 생각하는 나와 주관적으로 내가 생각하는 나를 파악하고 분석하여 정확히 자기 자신을 아는 것이 중요하다. 자기 자신의 장잠과 단점을 파악하여 장점을 최대한 부각할 수 있도록 단점을 최소화해야 한다.

❀ 2단계 _ 자신을 계발하라(Develop yourself)

목표를 설정하고 계발하는 단계 자신의 구체적인 목표를 설정하고 발전시키기 위해 노력하는 단계이다. 내외적 이미지의 롤모델을 목표로 자신과 롤모델 사이의 차이를 발견해서 자신을 계발해 나가는 단계이다.

❀ 3단계 _ 자신을 포장하라(Package yourself)

자신을 상품화하고 브랜드화하여 가치를 높이는 단계 아무리 맛있는 음식이라도 형편없고 더러운 접시에 세팅되어 있다면 음식의 가치가 떨어진다. 맛있는 음식을 깨끗하고 품위 있는 접시에 세팅하여 판매한다면 구매율이 상승할 것이다. 즉, 아무리 멋지고 능력 있는 사람이라도 외형적인 이미지 계발이 동반되어야 더 큰 효과를 낼 수 있다.

❀ 4단계 _ 자신을 알리고 광고하라(Market Yourself)

자신이 계발한 매력적이고 호감 가는 이미지를 어필하여 스스로 기회를 만들어야 한다. 상대방에게 자신을 좋은 이미지로 인식시키고 높이 평가하도록 이끌어내는 단계이다.

✿ 5단계 _ 자신에게 진실하라(Be Yourself)

긍정적이고 호감 가는 이미지를 지속적으로 유지하기 위해서는 상대방에게 진실한 마음으로 대해야 하며, 그렇게 함으로써 나의 이미지에 대한 신뢰감을 충분히 형성하는 단계이다.

나의 이미지 분석

	내가 생각하는 나의 이미지	타인이 생각하는 나의 이미지
외 모		
표 정		
말 투		
자 세		

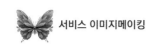

① 퍼스널 브랜드란

브랜드(Brand)의 어원은 고대 노르드어(Old Norse)의 'brandr'에서 나온 것으로 '태워 새긴다'라는 의미를 가지고 있으며, 자기 소유의 가축에 표시를 함으로써 소유물을 식별한 데서 유래되었다.

퍼스널 브랜드(Personal Brand)는 톰 피터스(Tom Peters)가 1997년 처음 개념을 소개한 이래 계속 이야기됐던 주제다.

명품하면 생각나는 브랜드들이 있다. 스티브 잡스하면 '아이폰', 김연아하면 '피겨 여왕', 싸이하면 '강남 스타일'을 떠올리는 것처럼 이런 것들이 바로 사람들에게 그들을 각인시키는 브랜드인 것이다. 즉, 퍼스널 브랜드(Personal Brand)란 개인(Personal)이 가지고 있는 고유한 식별 가치로 가치관, 비전, 장점, 매력, 재능 등을 브랜드화하여 가치를 높이는 것을 말한다.

현대 사회는 무한 경쟁 시대이다. 제품과 서비스 등에서도 이제는 브랜드 시대이다. 커피 한잔을 마셔도 브랜드를 보고 마시게 되고 전자 제품을 구매할 때도 브랜드를 보고 믿고 구매한다. 사람도 마찬가지이다. 기업에서 인재를 선발하기 위해서 학벌과 스펙이 우선순위가 되는 시대는 지났다. 이제는 우수한 인재를 구별하기 위해 블라인드 면접을 실시하고 있다. 그들을 사로잡기 위해서는 다른 지원자와 내외적으로 차별화되는 자신만의 브랜드 구축이 필요하다.

또한, 퍼스널 브랜드를 구축한 명품 인재는 남들과 차별화된 재능과 능력을 보여주기 때문에 보상 측면에서도 더 높은 연봉을 받는 경우가 많다. 미국의 한 조사 결과에 따르면, 브랜드 콘셉트와 비전을 가지고 있는 직장인이 그렇지 않은 직장인보다 10% 이상 높은 연봉을 받고 있다고 한다. 개인의 퍼스널 브랜드 구축을 지원해주는

• 하계 유니폼 상의로는 흰색, 검정색 셔츠를
입을 수 있고, 동계 유니폼에는 검정색 셔츠
와 검정, 버건디색 카디건을 추가로 선택해
착용할 수 있다. 또한 가을용 외투 역시 검
정색으로 디자인됐다. 전반적으로 획일화된
유니폼보다는 개인의 선택을 존중해 개성을
강조했다.

(2) 진에어 메이크업

구 분	내 용
유니폼 색	검정, 보라, 연두
선호 색	누드 계열, 핑크
메이크업	자연스러움을 강조한 메이크업

• **피부색** 파운데이션과 파우더는 소량만 사용하고 자연스러운 피부 표현을 위한
BB크림, CC크림의 사용을 권장한다.
• **눈썹** 자연스러운 눈썹으로 자신의 모발 색상에 맞춘 컬러를 권장한다. 아이펜슬
사용보다 섀도 사용을 권장한다.
• **아이섀도** 펄감 없는 누드 컬러를 선호하는데 퍼플, 브라운, 블루 등과 같이 진한
컬러는 자제(피치, 연한 핑크, 하늘색)한다.
• **립** 핑크, 피치 계열을 사용하고 립글로스로 마무리한다.

(3) 헤어스타일

단정한 포니테일, 쪽머리, 단발머리, 보브 커트 등 서비스 시 지장을 주지 않는 헤
어스타일이 가능하다. 포니테일은 너무 높지 않게 묶어주며 백콤을 이용하여 볼륨감
을 채워주는 것이 포인트이다.

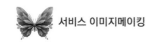
④ 제주항공

(1) 유니폼 - 아이보리, 주황색

- 제주항공의 유니폼은 아리보리색을 기본으로 제주항공의 포인트 색상인 주황색의 스카프와 조화를 이루어 경쾌한 느낌을 준다.
- 창립 12주년을 맞아 2017년 액세서리를 새롭게 디자인했다. 새로 디자인한 액세서리는 운항 승무원은 넥타이, 객실 승무원은 넥타이와 스카프 등이다. 이번 액세서리 디자인 변경의 핵심은 돌과 섬, 파도(바람) 등의 새로운 BI를 바탕으로, 빛의 파장과 반복되는 직선을 통해 세계로 뻗어나가는 제주항공의 성장을 담아냈다. 또 실크 소재와 입체적인 패턴을 활용해 고급스러움을 표현했다.
- 여성 승무원이 착용하는 스카프는 다양한 방법으로 연출이 가능하다.

(2) 제주항공 메이크업

구 분	내 용
유니폼 색	아이보리, 주황
선호 색	피치, 오렌지
메이크업	자연스러운 메이크업을 선호하나 유니폼 색상에 맞춘 컬러 선택

- **피부색** 피부톤보다 조금 화사한 컬러를 선택한다. 두껍지 않게 파운데이션을 사용한다.
- **눈썹** 자기 눈썹 모양에 맞게 깔끔하게 그려준다. 과도한 노즈 섀도는 피하고 각진 눈썹 또한 피한다.
- **아이섀도** 오렌지 컬러나 피치 컬러가 무난하며 쌍꺼풀이 없는 경우에는 브라운 계열을 사용하여 좀 더 깊은 눈매 연출이 필요하다.
- **립** 핑크, 피치 등 무난하나 너무 글로시하지 않게 연출한다.

(3) 제주항공 헤어

- 헤어 자율화(다양한 헤어스타일링 가능)
- 안경 착용 가능

⑤ 에어부산

(1) 에어부산 유니폼 - 네이비 블루, 라임 그린

- 2008년 지춘희 디자이너가 에어부산 유니폼을 디자인했다.
- 부산의 푸른 바다와 하늘을 표현하는 네이비 블루 색상을 기본으로 했다.
- 라이트 블루와 라임 그린색이 조화롭게 섞여 있는 스카프와 소맷단으로 산뜻하게 포인트를 줬다.
- 스카프에는 동백꽃을 형상화한 문양으로 남부의 대표 항공사가 되겠다는 의미를 내포했다.

(2) 에어부산 메이크업

구 분	내 용
유니폼 색	네이비 블루, 라임 그린
선호 색	누드 계열, 핑크
메이크업	자연스러움을 강조한 메이크업

- **피부색** 커버력이 우수하며 두꺼워 보이지 않게 연출한다. 컨실러를 이용하여 스폿을 커버해야 하며 내추럴한 피부톤을 선호한다.
- **눈썹** 자신의 얼굴형과 어울리는 눈썹 모양으로 너무 두껍거나 얇지 않게 그린다.
- **아이섀도** 피치 색상, 핑크 색상, 스카이 블루 색상, 스모키나 그린 계열의 아이섀도 색상은 피한다.

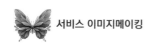
- **립스틱** 핑크, 피치톤의 립스틱을 글로시하게 표현한다.
- **볼 터치** 한 듯 안 한 듯 자연스럽게 연출하고 셰이딩으로 마무리한다.

(3) 에어부산 헤어스타일

에어부산 승무원의 헤어스타일은 쪽머리를 기본으로 하나 앞머리가 있는 단발머리, 짧은 보브 커트도 가능하다.

⑥ 에어서울

(1) 에어서울 유니폼 - 민트, 블랙

- 에어서울 유니폼은 삼성물산 상무로 있는 정욱준 디자이너의 작품이다.
- 여자 승무원의 경우 캐주얼한 스트라이프 상의에 탈착 가능한 민트색 옷깃을 달아 실용적인 면모를 더했다. 남자 승무원 역시 민트색을 포인트로 사용하고 견장과 모자, 넥타이는 착용하지 않는다.
- 경쟁사가 선점하지 않은 창조적인 색을 사용함으로써 이 색을 떠올릴 때마다 자연스럽게 브랜드를 연상시키게 한다.
- 슈즈가 국내 타 항공사보다는 좀 더 세련되고, 높이감이 약간 있는 앞코가 뾰족한 펌프스 힐인 것이 특징이다.

(2) 에어서울 메이크업

구 분	내 용
유니폼 색	민트, 블랙
선호 색	핑크, 피치
메이크업	발랄해 보이는 볼 터치

- **피부색** 피부톤과 동일한 톤의 제품을 사용한다. 커버력이 우수하며 두꺼워 보이지 않게 연출한다. 컨실러를 이용하여 스폿을 커버해야 하며 내추럴한 피부톤을 선호한다.
- **눈썹** 표준형의 눈썹에 다크브라운 컬러로 연출하고 두껍지 않게 연출한다.
- **아이섀도** 피치, 핑크 등 발랄해 보이는 아이섀도 색상을 선호한다.
- **립스틱** 핑크, 피치톤으로 표현한다.
- **볼 터치** 핑크, 피치 등 발랄해 보이는 볼 터치를 선호한다.

(3) 에어서울 헤어스타일

- 타 항공사와는 차별되게 에어서울 승무원의 헤어스타일은 귀 높이보다 조금 높게 묶은 포니테일 헤어스타일로 발랄함을 표현했다.
- 쪽머리도 가능하나 에어서울만의 발랄함을 보여줄 수 있는 포니테일 헤어스타일을 선호한다.

⑦ 티웨이항공

(1) 티웨이항공 유니폼 - 아이보리, 레드, 민트

- 티웨이항공의 유니폼은 전체적인 라인은 모던함과 여성스러움을 강조한 디자인이다.
- 하이 웨스트 스커트와 팬츠로 허리 라인을 강조하며 가격 경쟁력과 함께 프리미엄 서비스를 지향하는 기업 이념을 반영하여 세련되면서 친근감 있는 이미지를 추구하고 있다.

- 레드를 주요 색으로 하고 그린을 포인트 색으로 지정하여 보색 대비를 이용해 화려하고 선명한 인상을 주는 효과를 창출하고 있다.
- 티웨이항공 유니폼은 한국 색체 대상 2010 패션 부문에서 티웨이항공 정체성과 이미지를 고품격 유니폼으로 재해석한 점을 높이 평가받아 우수상에 선정되었다.
- 남승무원은 민트와 레드 셔츠 중 선택해서 착용하면 되며 넥타이를 착용하지 않는다.
- 여승무원은 베이지와 레드 재킷 중 선택해서 착용 가능하며 스카프도 선택해서 착용해도 되고 안 해도 무관하다.

(2) 티웨이항공 메이크업

구 분	내 용
유니폼 색	아이보리, 레드, 민트
선호 색	핑크, 피치
메이크업	발랄해 보이는 볼 터치

- **피부색**　피부톤과 동일한 톤의 제품을 사용한다. 내추럴한 피부톤을 선호한다.
- **눈썹**　표준형의 눈썹에 다크브라운 컬러로 연출하고 두껍지 않게 연출한다.
- **아이섀도**　피치, 핑크, 브라운 색상을 선호한다.
- **립스틱**　핑크, 피치톤으로 표현한다.
- **볼 터치**　과하지 않은 볼 터치 표현을 선호한다.

(3) 티웨이항공 헤어스타일

- 승무원 개인의 개성도 살리고 더욱 편하고 자유로운 분위기에서 대고객 서비스를 진행하고자 2018년 6월 이후 승무원들의 헤어스타일을 자율화했다.
- 단, 식음료 서비스 시에는 포니테일로 묶어야 하는 규정이 있다.

제3절 **올바른 항공사 유니폼 착용 방법**

유니폼은 기업의 이미지이다. 착용 전 착용 기준 및 규정을 바르게 알고 유니폼을 착용하여 품위를 갖추어야 하며 회사의 이미지를 실추시키지 않아야 한다.

① 유니폼 착용 수칙

· 임의 변경이 불가하다.
· 다림질하여 착용한다.
· 청결을 유지한다.
· 개인 부착물 패용은 금지다.

② 유니폼 착용 시 유의 사항

· 유니폼을 착용하고 출퇴근이 가능하다.
· 유니폼을 착용하고 공항 식당 이용이 가능하다.
· 유니폼을 착용하고 쇼핑이나 공항 식당 이외의 식당에서 식사는 불가능하다.(주류 포함)
· 유니폼을 착용하고 이동 시 취식은 금지다.
· 시력 교정 필요 시 안경, 콘택트렌즈 사용이 가능하다.
· 컬러 렌즈, 써클 렌즈 착용은 금지다.
· 밝은색의 염색은 금지다.

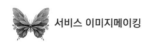
③ 유니폼 착용 기준

(1) 여성

• 재킷 착용 시 반드시
  스카프를 맬 것
• 블라우스 다림질 상태 확인

• 명찰: 왼쪽 가슴에 패용

• 주머니에는 메모 패드,
  볼펜 외 주머니가 블록하게
  나오지 않게 함

• 스커트: 무릎 길이
  (구김, 뒤트임 주의)

• 스타킹:커피 또는 살구색 착용
  (여분의 스타킹 소지)

• 구두: 오염되거나
  가죽이 벗겨질 경우 교체,
  깨끗하게 유지

(2) 남성

• 단추는 반드시 모두 채움

• 명찰: 왼쪽 가슴에 패용

• 벨트: 유니폼 착용 시
  반드시 착용

• 셔츠: 넥타이 착용 시
  단추 모두 채움

• 넥타이: 길이는 버클에
  닿는 길이

• 바지: 다림질 상태
  – 바짓단 길이는 구두와
    구두 굽 사이 경계선

• 양말: 유니폼이나 구두
  색상과 비슷한 색상,
  발목이 보이지 않는
  양말 착용

• 구두: 유니폼과 색상이
  비슷한 구두 착용,
  광택 및 청결 유지

④ 속옷

- **여성** 속옷은 비치지 않도록 누드 또는 살구색을 착용하고 반드시 이너웨어(inner-ware)를 입어서 버튼 사이나 블라우스에 속옷이 비치지 않도록 주의한다.
- **남성** 셔츠 안이 보이지 않도록 흰색의 이너웨어를 착용하도록 한다.

⑤ 블라우스

블라우스는 단추를 모두 채워야 하며 구김이 없도록 입기 전날 다림질을 해두어야 한다. 또한 색상이 변색되면 다시 지급받아 깔끔하고 청결하게 관리해야 한다.

⑥ 스타킹

스타킹은 살구색이나 커피색을 신도록 하며 올이 나갈 경우를 대비해 항상 1개 이상의 여유분을 가지고 다닌다.

또한, 스타킹 색이 옅어 맨살이 보일 수 있으니 종아리는 제모하고 신는다.

⑦ 액세서리 착용 기준

구 분	내 용
구두	• 회사에서 지급한 구두만 착용 가능하며 구두 굽 및 청결도 유지
귀걸이	• 특정 로고가 있거나 안전에 위배되는 흔들리는 디자인은 금지
반지	• 2개 이하의 반지는 가능하나 보석이 튀어나와 안전을 저해하는 디자인은 금지
시계	• 스테인리스 스틸, 검정, 남색, 갈색 가죽 끈의 시계 착용 가능 • 스마트 워치 착용 가능 • 너무 화려한 디자인, 스포츠형 시계 금지

WorkSheet

❶ 나의 성향과 어울리는 항공사는?

Start →

| 조별 모임을 하면 늘 아이디어를 제시한다 | Yes → | 밤을 새는 데는 특히 자신 있다 | Yes → | 좋은 게 좋은 것이다. 성격이 낙천적인 편이다 | Yes → | 부모님이나 교수님의 지시를 거스른 적이 없다 | Yes → Ⓐ |

No ↓   No ↓   No ↓   No ↓

높은 연봉이 제일 중요하다   다양한 일을 경험하고 싶다   미지의 세계를 탐험하는 것을 좋아한다   지시를 받기보다 스스로 일을 만들어 하는 편이다 → Ⓑ

젊음은 소중하다. 돈보다는 도전을 택하겠다 → 아싸 (아웃사이더) 가 되어도 별로 신경 쓰지 않는다 → 좋은 게 좋은 것이다. 성격이 낙천적인 편이다 → 부모님이나 교수님의 지시를 거스른 적이 없다 → Ⓒ

Ⓐ
FSC
안정형인 당신

Ⓑ
LCC
도전적인 당신

Ⓒ
외항사
진취적인 당신

항공사 객실 승무원 헤어스타일 연출

· 3단계 헤어 볼륨을 살리기 위해 가르마를 탄 앞쪽 머리를 핀으로 고정한다.

· 4단계 뒷머리는 꼬리빗으로 정갈하게
빗어서 헤어끈으로 단단하게 묶는다.

· **5단계**　젤과 스프레이를 이용하여 잔머리를 고정한다.

· **6단계**　앞머리를 3등분하여 뒤쪽부터 볼륨을 넣어준다.

- **7단계**   여분의 머리로 볼륨을 넣어준
  곳을 덮는다.

- **8단계**   젤과 스프레이를 이용하여 고정시킨다.

- **9단계**   헤어 실망 2개를 핀으로 겹쳐서 뒷머리에 꽂는다.

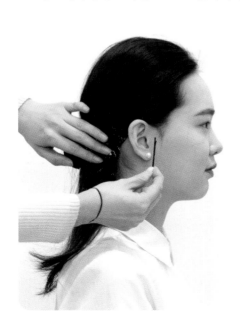
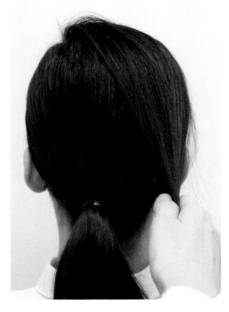

· **10단계** 잔머리가 나오지 않도록 가지런히 포니테일을 헤어 실망에 넣는다.

· **11단계** 태극 문양이 나올 수 있도록 포니테일을 돌려 U자 핀으로 고정한다.

- **12단계** 실핀으로 옆머리를 정한다.
- **13단계** 스프레이로 잔머리를 고정한다.
- **14단계** 헤어라인을 정리한다.

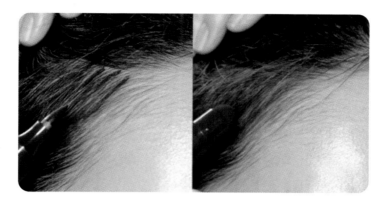

이마 양 옆 M자 부위에 비어 있는 헤어라인 안쪽부터 자연스럽게 제품을 펴 바른다.

② 여승무원의 단발머리 & 짧은 보브 커트 헤어스타일 연출

승무원의 단발머리와 짧은 보브 커트는 두피에 자극을 적게 주어 탈모나 두피 염증을 줄일 수 있어 좋으나 오히려 관리에 더 많은 시간과 노력이 필요하다. 단발머리나 짧은 보브 커트 헤어 연출 시 드라이어를 이용해 볼륨을 살리고, 표면적으로 드러나는 부분이 많기 때문에 모발 건강 상태, 윤기, 염색 상태 등을 고려하여 전문 스타일리스트와 충분히 상담한 후 커트해야 한  다. 또한 모발의 상태에 따라 펌을 이용해 볼륨을 살리고 지저분해 보일 수 있는 잔머리는 왁스나 스프레이를 이용해 고정한다. 또한 식사와 음료 서비스 시 헤어가 시야를 가리거나 흘러내려 손을 쓰는 일이 없도록 실핀으로 고정해야 한다.

③ 남승무원 헤어스타일

- 항상 단정하고 깔끔하게 짧은 길이를 유지한다.
- 앞머리는 눈썹을 가리지 않아야 한다.
- 옆머리는 귀를 덮지 않아야 한다.
- 직모인 경우 자연스러운 펌은 가능하다.
- 지나치게 유행을 따르는 스타일은 삼간다.
- 뒷머리는 셔츠 깃의 상단에 닿지 않도록 한다.
- 곱슬 머리의 경우 반드시 헤어드라이어로 웨이브를 펴서 손질한다.
- 헤어스타일링 제품 사용으로 완성된 스타일을 지속적으로 유지하되, 지나치게 사용하여 젖은 것처럼 보이거나 너무 반짝거려서는 안 된다.
- 자연스러운 본인의 헤어 컬러, 검정색, 짙은 브라운의 헤어 컬러를 권장한다.
- 밝은색의 염색은 지양한다.

❀ 남승무원 헤어 연출 시 필요한 도구

롤브러시, 꼬리빗, 왁스, 스프레이

(1) 남승무원 헤어스타일 방법

· **1단계** 헤어에 물을 묻혀 스타일링이 편하도록 만든다.

· **2단계** 드라이어를 이용해 헤어를 이마가 보이도록 앞에서 뒤로 말린다.

· **3단계** 롤빗을 이용하여 볼륨을 살린다.

· **4단계** 왁스를 사용하여 자연스러운 컬링을 만든다.

· **5단계** 스프레이로 고정한다.

· **6단계** 장시간 헤어를 고정하기 위해 스프레이를 적당량 사용한다.

chapter4
승무원 메이크업

 **학습 목표**

- 항공사 객실 승무원의 기초 스킨케어에 대해 알아본다.
- 항공사 객실 승무원의 색조 메이크업에 대해 알아본다.
- 항공사 객실 승무원의 피부 관리법에 대해 알아본다.

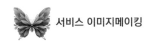

제1절　기초 스킨케어

　　승무원은 메이크업을 보통 10시간 이상 지속될 수 있도록 해야 한다. 출근해서 캐빈 브리핑, 항공기 탑승 후 보딩까지 대략 3시간이 소요되며 단거리 비행이라도 퇴근 후 메이크업을 지울 수 있는 시간은 10시간 이후이다. 장거리 비행일 경우는 20시간 이상 메이크업을 유지해야 한다. 비행 중간 수정할 수 있지만 바쁜 비행 구간에는 수정할 시간적 여유가 없을 수도 있다. 메이크업을 장시간 유지하기 위해서는 베이스 메이크업에 신경을 써야 한다. 색조 화장은 중간에 수정이 가능하지만 베이스메이크업은 지우고 하기 어렵기 때문이다. 20시간 이상 지속될 수 있는 승무원 메이크업에 대해 알아보기로 하자.

　　색조 메이크업의 기본이 되는 것은 깨끗하고 촉촉한 피부를 만들기 위한 기초 스킨케어이다. 스킨케어가 가장 우선순위가 되어야 한다. 클렌징과 올바른 스킨케어로 메이크업이 잘 받는 피부를 만들어본다.

① 클렌징

(1) 클렌징이란?

메이크업 화장품에는 색소 이외에도 피부와의 친화성을 높여 메이크업 유지력을 높이기 위한(유지·황랍·실리콘유·실리콘 수지 등) 유제가 들어 있는데, 그것을 무리 없이 부드럽게 지워주는 것이다.

(2) 클렌징의 중요성

클렌징이란 하루의 화장을 지우고 피부를 원래의 상태로 되돌리는 스킨케어의 첫 번째 단계로, 일상에서 받은 피부의 데미지를 회복시킨다. 아름다운 민낯을 지키기 위해서라도 그날의 노폐물은 그날에 제거하여 피부를 깨끗하게 케어해 주어야 한다.

(3) 클렌징의 종류

❶ 모이스트 클렌징 밤(Moist Cleansing Balm)

부드러운 퍼짐성과 밀착감으로 피부에 자극 없이 진한 메이크업까지 완벽하게 세정하는 효과가 있고, 보습 오일이 보습막을 형성하여 부드럽고 촉촉한 마무리감까지 선사한다.

* 건성 피부에 추천

❷ 스무스 클렌징 오일(Smooth Cleansin Oil)

강한 메이크업이나 워터 프루프 마스카라, 아이라인, 모공에 쌓인 피지도 빠르게 제거한다. 식물 유래 성분 100% 오일로 가볍고 빠르게 유화시켜 마무리감이 산뜻하다.

* 빠른 클렌징을 원하는 사람에게 추천

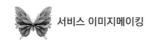
❸ 클리어 클렌징 밀크(Clear Cleansing Milk)

가벼운 메이크업일 경우 사용한다.

* 쉽게 건조해지거나 민감한 피부에 추천

❹ 포인트 메이크업 리무버(Point Makeup Remover)

아이와 립메이크업을 지울 때 사용한다.

❺ 마지막 포밍솝으로 거품을 충분히 내어 마사지하고 미온수로 세척

② 스킨케어 제품

(1) 스킨

세안 후 가장 먼저 바르는 기초 제품이다. 스킨은 각질 제거 및 다음 제품의 흡수를 돕는 역할을 하므로 반드시 바르는 것이 좋다. 손이나 화장솜에 묻혀 얼굴 전체에 가볍게 흡수시킨다.

(2) 세럼

· 피부 깊숙이 수분 미용 성분을 침투시켜 각질층을 보호하고 피부 내외의 수분을 보호한다.
· 피부를 유연하게 정돈하고 피부결을 매끄럽게 하여 모공이 눈에 띄지 않는 피부로 가꾸어준다.

(3) 아이크림

아이크림은 눈가 주름이 형성되기 전 20대 초반부터 사용을 권장한다. 눈가 주름이 형성된 후에는 아이크림이나 에센스로 눈가 주름을 없애기는 힘들기 때문이다.

(4) 로션 및 크림

에센스가 속옷이라면 로션이나 크림은 겉옷과 같다. 겉옷이 신체를 외부의 해로운 공해, 기온 차, 자외선으로부터 막아주는 것과 같이 데이 로션과 크림은 외부에 노출된 얼굴을 보호해주고, 나이트 로션과 크림은 지친 피부를 달래며 진정시켜준다.

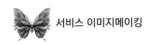

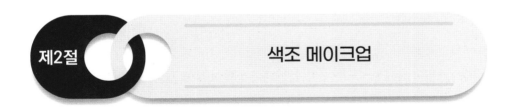

제2절   색조 메이크업

① 자외선 차단제

고대 이집트인들은 검은 피부보다 밝은 피부를 더 아름다운 것으로 간주하여 일광 화상 방지 목적뿐 아니라 피부의 색소 침착을 막기 위해 쌀겨 추출물과 자스민을 주로 사용했다. 이후 1801년 독일의 요한 리터가 자외선을 발견하자 인간에게 미치는 영향에 대한 과학적 연구가 활발해지기 시작했다.

피부를 노화시키는 외적인 주범을 두 가지 꼽으라면 공해와 자외선을 들 수 있다.

(1) UVA와 UVB

지구에 직접 도달하는 자외선은 UVA와 UVB로 나뉘는데, 피부를 노화시키는 UVA는 이른 아침부터 해가 지기 전까지 우리의 피부에 깊이 침투한다. 붉게 화상을 입히지는 않지만 피부를 눈에 보이지 않게 노화시키며 태닝하기 때문에 노화선 또는 태닝선이라고도 한다. 예쁘고 섹시하게 태닝하기를 원한다면 피부가 늙는 것은 감수해야 한다. 태닝을 하면서 건강한 피부를 동시에 갖는 것은 불가능하다.

UVB는 피부에 화상을 입히는 자외선이다. 오전 10시부터 오후 2시까지가 가장 강하니 이 시간에는 외출을 자제하는 것이 기미를 막는 방법이다. 뜨거운 모래밭에 작열하는 태양만이 자외선이라고 여긴다면 잘못된 생각이다. 영하 10도가 넘는 스키장의 눈밭에서 반사되는 자외선은 훨씬 강한 영향력을 행사한다. 눈 덮인 영하의 히말라야나 에베레스트를 등정한 산악인들의 피부가 검게 탄 것은 바로 강한 자외선 때문이다.

(2) SPF의 숫자

SPF의 숫자 '40'은 일상생활에서 큰 의미가 없다. 자외선 차단제는 피부 트러블을 일으키기 쉬우니 자극이 심한 성분이 들어 있지는 않은지 살펴봐야 한다. 더구나 SPF의 지수를 높이기 위해서는 다양한 화학 성분을 첨가해야 하기 때문에 무조건 지수가 높은 것을 선호하는 것은 잘못된 생각이다.

(3) 자외선 차단제 바르는 방법

① 기초 제품을 바른 후 눈가를 포함하여 얼굴 전체에 고르게 펴 바른다.
② 외출 30분 전에 바른다.
③ UVA와 UVB를 모두 차단할 수 있는 제품을 고른다.
④ 데콜테와 어깨, 목 뒤까지 바른다.
⑤ 선글라스와 긴팔 옷을 착용한다.

자외선 차단제 바르는 팁!

- **땀이 나거나 외부 활동을** 한다면 SPF 지수에 관계없이 한두 시간마다 덧바르는 것이 좋다.
- **화장을 했을 경우**에는 쿠션이나 톤업 로션, 메이크업으로 피부톤을 고치면서 자외선 차단력을 높인다.
- **피부에 피지력이 높은 사람**은 파우더를 사용해야 UVA/UVB의 흡수력을 낮출 수 있다.

② 메이크업 베이스(톤업 크림/ 일루미네이터)

메이크업 베이스는 색조 화장에 앞서 피부톤을 밝게 보정해주는 제품이다. 파운데이션이나 파우더가 피부에 잘 밀착되도록 도와주고 피부의 착색을 보호한다.

메이크업 베이스는 피부결을 정돈해주는 프라이머와 달리 피부톤만을 보정해주기 때문에 모공이 넓거나 피부에 패인 자국이 많은 사람에게는 적합하지 않다.

베이스 색	효 과	사용 대상
베이지	자연스러운 피부 표현	피부톤이 고르고 잡티가 없는 피부
그린	피부의 붉은기 제거	• 여드름이나 모세혈관이 확장된 빨간 피부 • 트러블 자국 등 전체적으로 울긋불긋한 피부
퍼플	피부의 노란기 제거	화사한 피부 표현
화이트	칙칙함 개선	투명 피부 표현

③ 파운데이션

파운데이션은 피부의 잡티, 기미, 주근깨 등을 커버한다. 피부의 무너짐이 자연스러워 장시간 근무하는 승무원 메이크업 시 쿠션, CC크림이 아닌 파운데이션 사용을 권장하고 있다. 또한 파운데이션은 자외선으로부터 피부를 보호하고 윤기와 광택 등 피부를 깨끗하고 자연스럽게 표현할 수 있다.

(1) 파운데이션 종류

❶ 리퀴드 파운데이션

액체 파운데이션으로 수분이 많아 건성 피부에 좋은 제형이다. 가장 흔히 사용하는 파운데이션 종류이다.

❷ 스틱 파운데이션

스틱 파운데이션은 유분과 수분을 혼합해서 고채화시킨 형태이기 때문에 부드럽게 발라지고 밀착력이 좋고 커버력이 우수한 편이다. 얼굴 전체보다는 부분적인 곳을 커버하는 데 사용하는 경우가 많다.

❸ 크림 파운데이션

유분 함량이 높아 건성 피부에 적합한 파운데이션이다. 커버력과 지속력이 높다는 장점이 있는 반면 리퀴드 타입에 비해 점도가 높아서 메이크업할 때 두껍게 발린다는 단점이 있다.

❹ 파우더 파운데이션

번들거리는 유분을 제거해주는 파우더 파운데이션은 지성 피부에 적합한 파운데이션이다. 휴대하기 편리하고 피지를 잡아주는 장점이 있다.

(2) 파운데이션 사용 도구

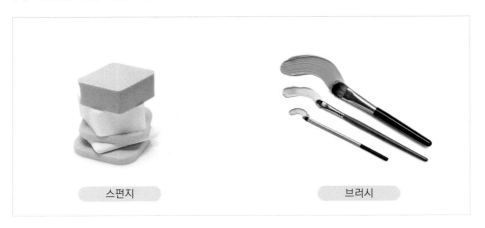

| 스펀지 | 브러시 |

❶ 맨손

손 자체의 열이 얼굴에 닿을 때 생긴 마찰열로 인해 파운데이션의 발림성이 좋아진다. 얇은 피부를 표현할 때 적당하다.

❷ 스펀지

커버력과 밀착력을 높일 수 있다. 여드름, 뾰루지 등으로 울퉁불퉁한 피부를 가졌다면 스펀지를 사용하면 좋다.

❸ 브러시

피부결을 잘 살릴 수 있고 빛나는 광택 피부를 표현하는 데 효과적이다. 브러시를 잡은 손에 힘을 뺀 다음 얼굴 중심에서 시작해서 외곽을 따라 발라주면 된다. 건조한 피부 또는 각질 피부는 브러시 사용을 추천하지 않는다.

(3) 사용 방법

· 한두 번 손등에 펌핑 후 파운데이션 브러시를 사용하여 얼굴 중심에서 바깥 쪽으로 펴 바른다.

· 브러시 결 자국은 수분감 있는 스펀지로 두드려 없애준다.

❶ 파운데이션을 얼굴이나 손등에 펌핑한다.

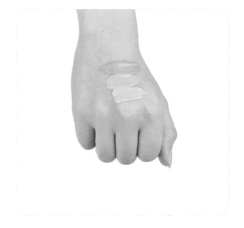

❷ 파운데이션을 브러시나 스펀지를 사용하여 펴 바른다.

❸ 여러 번 두드려 펴 바른다.

❹ **컨실러** 컨실러로 눈밑, 잡티를 가
려주고 삼각존 부분과 팔자주름은
컨실러로 컬러 콜렉팅한다.

❺ **파우더** 소량의 파우더로 마무리
한다.

④ 눈썹 그리기

(1) 눈썹 표현

✿ 눈썹 그리는 방법

눈썹 모양은 얼굴형에 맞게 다양한 연출이 가능하다. 하지만 자신의 얼굴형이 정확히 어떤 모양인지 객관적으로 판단하기란 쉽지 않다. 따라서 내 얼굴형에 맞는 눈썹형을 찾으려고 애쓰기보다는 눈썹산이 완만하여 일자형에 가까운 눈썹 형태를 기본으로 하여 눈썹을 다듬은 후 각자의 얼굴형에 맞게 조금씩 변형시키는 방법을 추천한다.

❶ 콧볼을 중심으로 잡고 코볼과 일직선으로 올려 눈썹 표현 시작점을 잡는다.

❷ 콧볼로부터 동공의 끝 쪽으로 연결한 부분이 눈썹산 부분(유행에 따르기보다 본인의 얼굴형에 맞는 눈썹형을 찾는다)을 적절히 그린다.

❸ 콧볼로부터 눈꼬리 끝부분까지 연결하는 지점에서 눈썹 그리는 것을 마무리한다.

❹ 눈썹 앞머리와 눈썹 꼬리는 일자가 되게 한다.

(2) 눈썹 채우기

눈썹 앞머리는 최대한 자연스럽게 아이브로 섀도를 이용하여 색감으로 채운다.

(3) 눈썹 마무리

- 스크류 브러시 사용과 아이브로 마스카라로 마무리한다.
- 눈썹을 다 채웠다면 스크류 브러시를 이용하여 눈썹 중간부터 꼬리까지 그린 부분의 뭉친 부분을 빗어 풀어주고, 눈썹 중간부터 눈썹 앞머리까지 자연스럽게 스크류 브러시에 묻은 여분으로 블렌딩해준다. 그다음 머리색과 비슷한 아이브로우 마스카라를 이용해 머리색과 원래의 눈썹 색을 맞춘다.

⑤ 노즈 섀도

눈썹을 표현하고 소량의 남은 아이브로 섀도를 이용하여 눈썹 앞머리를 시작으로 노즈 섀도를 표현한다.

⑥ 아이 메이크업

(1) 아이섀도 종류

❶ 프레스트

- 가루를 압축한 타입. 무펄에 쉬머, 글리터까지 종류가 다양한다.
- 블렌딩이 쉽고 농도 표현이 잘 되어 초보자가 사용하기 편리하다.

❷ 크림 섀도

수분과 유분을 함유한 무른 타입. 부드럽게 발리지만 뭉침이 있다. 쌍커풀 라인에 주름이 져 보인다.

❸ 리퀴드

소량으로 강한 발색과 펄을 표현할 때 사용한다. 수분이 많아 가루 날림이 거의 없고 지속력이 길다.

❹ 파우더(피그먼트)

화려한 메이크업에 주로 사용한다. 가루가 잘 날리는 편이라 초보자가 사용하기 까다롭다.

(2) 아이섀도 바르는 방법

① 베이스 컬러(연한 베이지, 무펄)를 눈두덩이에 넓게 바른다.
② 중간 컬러를 눈꼬리부터 눈 중앙 쪽까지 바른다.
③ 포인트 컬러를 눈꼬리 쪽에 바른다.
④ 연한 컬러를 바른 브러시로 컬러 경계를 풀어준다.
⑤ 펄이나 밝은 컬러의 아이섀도를 눈동자 윗부분에 바른다.

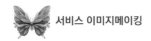

(3) 다양한 아이섀도 브러시

⑦ 언더 섀도

메이크업을 했는데도 뭔가 허전하고 부자연스러워 보인다면 언더 섀도를 안 했기 때문이다. 동양인들은 눈이 서양인보다 위에 있어 언더 섀도를 섬세하게 표현하면 얼굴에 균형미를 더할 수 있다.

❀ 언더 섀도 바르는 방법

눈 앞쪽은 밝은색을 사용해야 눈이 커보이는 효과를 낼 수 있고 눈꼬리는 어두운 색으로 마무리해야 눈매가 깊어 보인다.

⑧ 아이라인

(1) 아이라이너 종류

❶ 펜슬 아이라이너

초보자가 사용하기 쉽다. 펜 끝이 뭉툭해지면 날렵한 라인을 그리기 어렵고 시간이 지나면 번짐이 있다.

❷ 젤 아이라이너

브러시 사용이 처음에는 어렵지만 익숙해지면 가장 자연스럽게 그릴 수 있다.

❸ 리퀴드 아이라이너

가장 정교하고 세심하게 그릴 수 있는 타입으로 번짐이 적고 또렷한 눈매 표현에 적합하다.

(2) 아이라이너 그리는 방법

❶ 펜슬 아이라이너로 선을 먼저 그리고 리퀴드 아이라이너를 이용하여 점막부터 채우고 아이라인을 따라 다시 그린다.

❷ 어두운색의 섀도를 이용하여 아이라인을 자연스럽게 펴준다.

⑨ 마스카라

❀ 뷰러

① 뷰러를 사용하여 눈썹을 위로 올린다.

② 마스카라를 사용하여 윗눈썹과 아랫눈썹까지 촘촘히 바른다.

 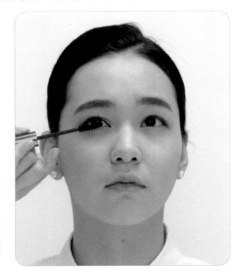

⑩ 립메이크업

① 메이크업 전날 립밤을 바르고 잔다.
② 컨실러나 파운데이션을 묻힌 스펀지로 립라인을 완벽히 없애준다.

③ 내 피부톤과 잘 어울리는 컬러를 선택해서 아랫입술 안쪽부터 발라준다. 바깥쪽으로 갈수록 연해져야 하기 때문에 최대한 브러시에 남은 양으로 사용한다.
④ 윗입술도 마찬가지로 안쪽에서부터 바깥쪽으로 살살 칠해준다.

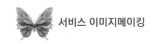

⑪ 페이스 컨투어링

피부톤은 평소대로 유지하되 본인의 얼굴 톤보다 한 톤이나 반 톤 정도 어두운 두 가지 컬러의 셰이딩을 이용해 자연스럽게 페이스 라인을 정리한다. 얼굴 톤보다 반 톤 정도 어두운 연한 컬러의 셰이딩을 이용해 얼굴의 외곽선을 샤프하게 보정하고, 진한 컬러의 셰이딩은 콧대나 눈 앞머리 등 국소 부위에 사용해 올록볼록한 입체감을 살린다. 또한 이마, 콧등, 턱 등은 하이라이터를 이용해 입체감 있는 메이크업을 완성할 수 있다.

⑫ 블러셔

(1) 블러셔 종류

❀ 틴트 블러셔

액체 타입으로 지속력과 발색이 좋으나 금방 착색되어 자연스러운 그러데이션을 위해선 타이밍이 중요한다. 초보자가 사용하기는 어렵다.

❀ 크림 블러셔

발색력과 밀착성이 우수하고 촉촉하기 때문에 건성 피부에 좋다.

❀ 파우더 블러셔

자연스러운 그러데이션이 가능하고 유분 컨트롤이 가능하기 때문에 지성 피부에 적합하고 초보자가 사용하기 좋다.

❀ 프레스트 블러셔

파우더를 압축시켜 놓은 것으로 가장 흔하게 사용되는 제형이다. 초보자가 사용하기 좋으며 제품이 다양하다.

(2) 블러셔 사용 방법

❀ 얼굴형별 블러셔 바르기

Round

사과 같은 내얼굴

관자놀이-입꼬리를 이은 선에서
옆 광대에 중심을 두고 사선으로 바른다.
살짝 광대 아래쪽을 쓸어준다.

Angulate

네모네모 얼굴형

광대를 중심으로 **안쪽에서 바깥쪽으로
넓게** 발라줄 것, 얼굴 라인이 아닌
가운데로 시선이 쏠리도록 유도한다.

Long

얼굴이 길어서 슬퍼

시선이 세로 방향으로 흘러
얼굴 길이가 강조되지 않도록
광대를 중심으로 **가로로 길게** 바른다.

Egg

뭘해도 좋은 달걀형

광대 중심으로 살짝 퍼진 원을 그린다.
하트 모양으로 발라 은은한 역삼각형을
만들어도 좋다.

Checkbone

옆 광대가 도드라져

시선을 가운데로 유도하는 것이 포인트,
블러셔를 사선 방향 삼각형으로 바른 뒤
하이라이터 등으로 앞 광대를 밝혀준다.

⑬ 항공 객실 승무원 메이크업 완성

제3절 피부 관리

　팩은 마스크라고도 불리는데, 그리스 시대에 피부병을 고치기 위한 진흙 요법에서 유래했다. 팩은 모공 안의 피지와 불순물을 딥 클렌징해 주며 피부를 매끈하고 단단하게 조여준다. 일주일에 1~2회 정도로 사용하며 데일리 케어로 부족한 영양이나 수분, 모공 축소, 진정 등 피부의 기능을 다시 활성화시키는 고기능 성분이 함유되어 있다.

피부 관리 방법

❶ 일주일에 한두 번 정도 쌓여 있는 각질을 스크럽제를 사용하여 제거한다.

❷ 스팀 타월로 모공을 열어준다.

❸ 오일, 마사지 크림, 로션 등을 사용하여 손이나 마사지 기구를 사용하여 경직되어 있는 얼굴, 목 근육을 풀어준다.

❹ 시중에 판매되고 있는 팩이나 천연 제품으로 자신의 피부 타입에 맞는 팩을 만들어 얼굴과 목에 도포한 후 15~20분 사이에 제거한다.

❺ 기초 제품으로 마무리한다.

✿ 마스크팩 사용법

① 따뜻한 스팀 타올로 얼굴을
1~2분 정도 덮어 모공을 열
어준다.

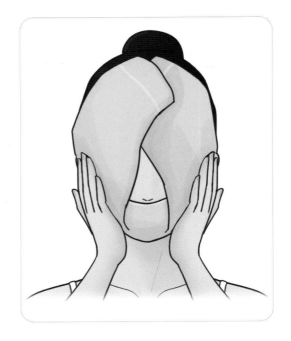

② 오일이나 마사지 크림으로
눈가를 제외한 얼굴 전체를
부드럽게 마사지한다.

❸ 천연 팩이나 마스크 팩을
   15~20분 정도 붙인다.

❹ 15~20분 후 팩을 제거하고
   기초 제품으로 마무리한다

chapter5

퍼스널 컬러

◎ **학습 목표**

- 퍼스널 컬러에 대해 알아본다.
- 퍼스널 컬러 진단 방법에 대해 알아본다.
- 계절 이미지메이킹에 대해 알아본다.
- 퍼스널 컬러 진단 효과에 대해 알아본다.

제1절 ⃝ 퍼스널 컬러

20세기 초 스위스 화가이자 독일 바우하우스의 교수였던 요네하스 이텐(Johannes Itten)은 특정 피부·머리카락 색과 특정 색들을 결합했을 때 초상화가 훨씬 나아 보인다는 것을 알았다. 그 후 사계절에 기반한 4개의 컬러 팔레트를 만들었고, 이는 학생들이 보다 매력적인 초상화를 그릴 수 있도록 했다. 이후 학자들이 퍼스널 컬러에 관심을 가지게 되면서 자기 고유의 색인 퍼스널 컬러 진단과 활용이 활발이 이루어지고 있다.

퍼스널 컬러는 자신이 가지고 있는 신체 색과 조화를 이루어 생기가 돌고 활기차 보이도록 하는 개개인의 컬러를 말한다. 퍼스널 컬러를 잘 활용하면 본인이 가지고 있는 단점을 보완하고 장점을 극대화하여 얼굴이 환해지고 혈색이 돌며 건강미가 느껴지는 호감 갖는 인상을 만들 수 있다.

퍼스널 컬러는 어떤 색이 어울리고 안 어울린다는 개념이 아니라 같은 계열의 색이라도 밝은 톤, 어두운 톤, 원색, 파스텔톤 등 컬러의 톤과 각자 신체 색상의 차이에 따라 사람마다 어울리는 컬러가 다르다는 것이다. 색채 연구 이론에 따르면 사람은 태어날 때부터 어울리는 색상의 톤이 정해져 있다고 한다. 자신의 신체가 가지고 있는 톤에 따라 사계절 색채인 봄, 여름, 가을, 겨울의 이미지에서 보이는 색채를 이용하여 개인의 개성 있는 이미지를 연출할 수 있다.

제2절 | 퍼스널 컬러 진단

퍼스널 컬러 진단은 전문가의 도움을 받는 것이 정확하나 자가 진단을 통해서도 개인의 컬러 타입을 알아볼 수 있다.

컬러의 진단 척도

• 피부색, 머리색, 눈동자 색, 두피색, 손목 안쪽 색 등

• **피부색** 핏기가 없고, 노란기가 많이 돈다면 웜톤 확률이 높고, 혈색이 돌고 푸른기가 많이 돈다면 쿨톤일 확률이 높다.

• **머리색** 금발 계열(붉은색, 주황색)이 잘 어울린다면 웜톤, 흑발 계열과 애쉬 계열이 잘 어울린다면 쿨톤일 확률이 높다.

• **두피색** 두피색이 노란기가 보인다면 웜톤, 하얗고 파란 핏줄이 보인다면 쿨톤일 가능성이 높다.

• **손목 안쪽 색**(혈관) 혈관이 초록이나 청록색을 띤다면 웜톤, 파란색이나 푸른색을 띤다면 쿨톤일 확률이 높다.

❀ 계절 유형에 따른 신체 부위 색상

유 형		피부색	머리색	눈동자색	두피색	손목 안쪽 색
Worm Type	봄	노르스름한 피부로 밝고 화사한 투명함	밝은 갈색톤으로 윤기가 남	노란빛의 흑갈색	노르스름한 색	노르스름한 색
	가을	황갈색, 검은 갈색의 피부로 혈색이 없고 윤기가 없는 편임	짙은 적갈색으로 윤기가 없음	짙은 갈색빛의 흑갈색	황색	갈색
Cool Type	여름	복숭앗빛, 핑크톤의 혈색으로 나타남	밝은 회갈색톤으로 윤기가 없음	푸른빛의 흑갈색	흰색	흰색
	겨울	희고 푸른빛이 감도는 피부로 차갑고 창백해 보임	푸른빛의 흑갈색을 띔	푸른빛의 검은색, 회갈색	푸른색	푸르고 흰색

색체 이론

① 색상

색상은 스펙트럼에 나타나는 빨강, 주황, 노랑, 초록, 파랑, 남색, 보라 등의 색감으로 빛의 파장 차이에 따라 다르게 보인다.

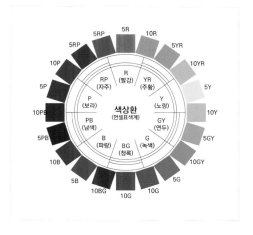

② 명도

명도는 선명함을 갖지 않은 무채색을 기준으로 하고 검정을 0으로 흰색을 10으로 표시한다.

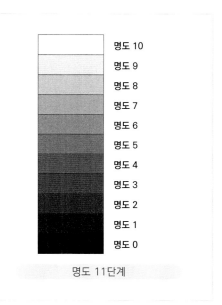

명도 11단계

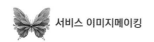
③ 채도

    명도(Brightness), 색상(Hue)과 함께 색의 3대 속성 중 하나이며, 색의 순수한 정도를 나타낸다. 일반적으로 선명하고 짙게 보이면 채도가 높다고 하고, 색이 흐리게 보이면 채도가 낮다고 한다. 흰색, 검정색, 회색 등 무채색에 가까울수록 낮은 채도 값을 갖는다.

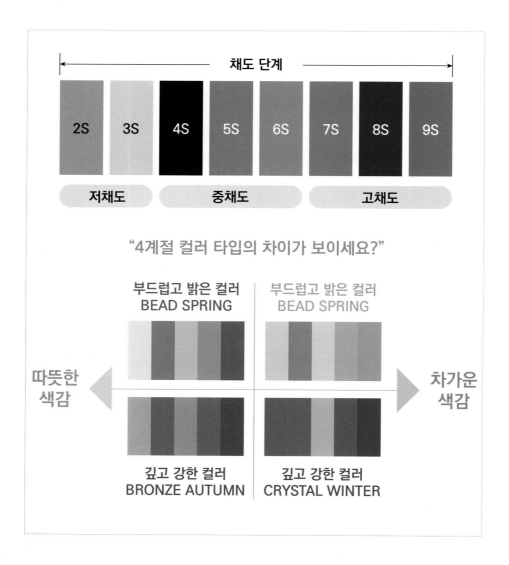

제4절   색의 이미지

① 로맨틱 컬러

- 온화하고 부드러운 이미지의 은은한 색
- 페일, 라이트, 브라이트 톤, 밝은 톤의 피치·핑크·옐로우·퍼플 계열

② 엘레강스 컬러

- 우아하고 세련된 이미지
- 채도가 낮은 부드러운 색조
- 대비가 약하며 퍼플 계열을 주로 활용

③ 내츄럴 컬러

- 소박하고 자연스러운 이미지
- 베이지, 옐로우 그린, 브라운, 카키 계열
- 소프트, 라이트 그레이시, 덜톤

④ 클래식 컬러

- 깊이 있고 중후한 느낌의 전통적인 이미지
- 짙고 따뜻한 색이 주를 이룸
- 다크브라운, 골드, 와인, 네이비 계열(딥톤과 다크톤)

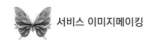

⑤ 시크

- 쿨하고 온화한 감각으로 세련된 이미지
- 주로 가라앉는 느낌의 회색
- 라이트 그레이시톤과 그레이시톤

⑥ 댄디

- 남성적 이미지, 주로 한색 계열
- 색이나 빛의 브라운 계열, 다크한 그린 계열, 검정의 배색

⑦ 클리어

- 상쾌하고 시원한 이미지
- 밝은 톤의 흰색 또는 한색 계열
- 흰색, 블루, 그린 계열로 페일, 라이트 톤

⑧ 모던

- 현대적 감각인 차갑고 딱딱한 이미지
- 화이트, 블랙, 무채색과 차가운 계열의 블루를 중심으로 쿨하드한 이미지(딥톤과 다크톤)

계절 이미지메이킹

① 봄(Worm Type)

봄 타입은 봄처럼 새싹이 돋아나고 싱그럽고 따뜻한 느낌이다. 따라서 따스한 색감이 잘 어울리며 초록, 연두, 노랑 등이 잘 어울린다. 생기발랄하고 사랑스러운 이미지를 가지고 있으며 복숭앗빛의 밝고 노란빛의 피부, 밝은 갈색빛의 머릿결과 눈동자를 지니고 있다. 봄 웜톤은 나이보다 어려 보이고 귀여워 보이는 이미지를 갖고 있다.

봄 웜톤에 해당되는 사람들은 검정색보다는 밝은 느낌의 헤어 컬러와 화장이 잘 어울린다. 진한 스모키 화장은 지양한다.

봄 웜톤은 명도와 채도에 따라 봄 웜 브라이트, 트루, 라이트 3가지로 나누어진다.

- **봄 웜 브라이트** 밝은 톤의 봄 웜톤으로. 피부톤이 밝고 채도가 높고 비비드한 컬러가 잘 어울린다.
- **봄 웜 트루** 정석적인 봄 웜톤으로 옐로우와 오렌지 베이스의 봄 웜톤 컬러는 전반적으로 잘 어울린다.
- **봄 웜 라이트** 봄 웜톤에 화이트 컬러가 더해진 톤으로, 부드러운 톤을 가지고 있다.

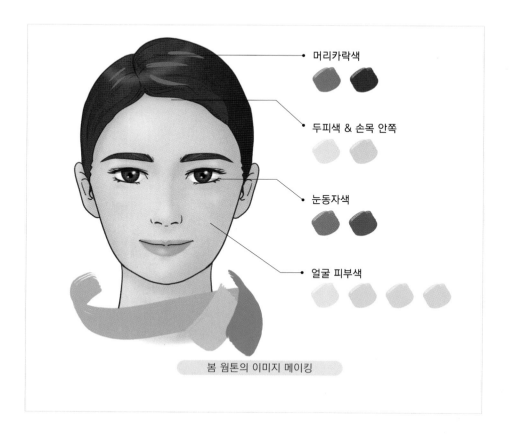

머리카락색

두피색 & 손목 안쪽

눈동자색

얼굴 피부색

봄 웜톤의 이미지 메이킹

✿ 봄(Worm Type) 이미지메이킹

① 봄 타입의 사람은 생동감이 있고 나이보다 어려 보인다.

② 기본적으로 노란색이 가미된 원색과 중간색의 베이지, 핑크, 산호, 연두색이 잘 어울린다.

③ 메이크업은 자연스럽게 표현하는 것이 좋다.

④ 오렌지 & 레드와 같이 생기 있는 컬러를 활용하고 비비드한 의상에 맞는 골드 나 큐빅 액세서리를 착용하면 생기 있는 이미지를 만들어준다.

⑤ 잔잔한 플라워 프린트 원피스나 블라우스를 착용해본다.

⑥ 남성일 경우 오렌지나 그린 컬러의 셔츠나 카디건으로 포인트를 준다. 헤어 컬 러를 밝게 바꾸어 보는 것도 좋다.

👎 Worst   새까만 머리색, 스모키 눈 화장, 진한 볼 터치

👍 Best   자연 갈색이나 자연 흑발, 발색이 진하지 않은 펄 제품, 뷰러로 속눈썹 강조,
             오렌지가 가미된 립

② 여름(Cool Type)

여름 타입은 시원하고 밝고 깨끗한 느낌이다. 여름 쿨톤은 엘레강스하고 우아한 이미지를 가지고 있으며 대부분 청량하면서 깨끗한 이미지를 가지고 있다. 여름 쿨톤은 푸른기 있는 밝은색이 주를 이루며 흰색, 파랑을 지닌 차가운 유형, 아이보리, 라벤더, 하늘색 등 노란기 없는 차가운 색이 잘 어울린다.

여성스러움을 지닌 여름 타입의 사람은 복숭아색이나 핑크색이 감도는 의상이나 메이크업을 하면 좋고, 블루나 퍼플 계열로 포인트를 주는 것이 좋다.

명도와 채도에 따라 여름 쿨 라이트, 트루, 뮤트로 나누어진다.

- **여름 쿨 라이트** 비비드한 색감의 트루톤에 흰색이 섞인 톤이다.
- **여름 쿨 트루** 트루톤은 원색이 잘 어울린다. 모든 쿨톤 색이 잘 어울린다.
- **여름 쿨 뮤트** 회색이 섞여 차분한 느낌을 준다. 뮤트톤의 사람들은 밝기만 한 것보다 탁한 색이나 그레이톤이 잘 어울린다.

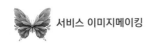
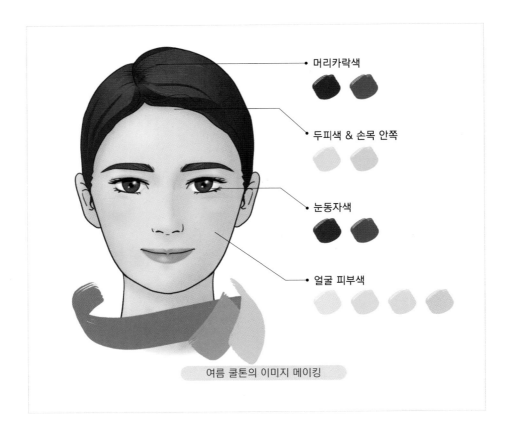

머리카락색

두피색 & 손목 안쪽

눈동자색

얼굴 피부색

여름 쿨톤의 이미지 메이킹

🌸 여름(Cool Type) 이미지메이킹

① 파스텔톤으로 화사함과 내츄럴함을 살린다.

② **아이섀도** 실버, 코발트 그린, 블루, 퍼플을 포인트로 사용한다.

③ **립컬러** 라이트 핑크, 로즈 핑크로 밝고 엘레강스한 느낌으로 한다.

④ **액세서리** 실버 계열을 착용한다.

⑤ 블루나 퍼플 넥타이나 스카프를 착용한다.

👎 Worst 　노랑이나 주황색 머리, 색이 다양하게 표현된 진한 화장

👍 Best 　자연 갈색이나 검은색 계열 헤어 컬러, 파스텔톤의 자연스러운 화장

③ 가을(Worm Type)

가을 웜톤은 성숙하고 세련된 이미지이며 황색을 지닌 따뜻한 유형이다. 음영, 색조 화장이 잘 어울린다. 카키, 버건디 등 가을을 연상시키는 차분한 색상이 어울린다. 황색 빛이 도는 피부와 머리카락을 가지고 있다.

명도와 채도에 따라 뮤트, 트루, 딥으로 나누어진다.

· **가을 웜 뮤트**　트루톤에 회색빛이 더해진 컬러로 조금 더 부드럽고 채도가 낮다.
· **가을 웜 트루**　가을 웜톤의 주를 이루며 명도가 낮고 채도가 높은 것이 특징이다.
· **가을 웜 딥**　블랙이 더해져 조금 더 어둡고 깊은 컬러가 잘 어울린다.

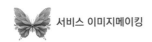

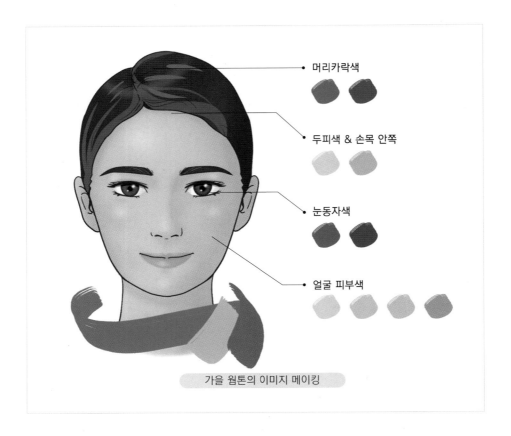

머리카락색

두피색 & 손목 안쪽

눈동자색

얼굴 피부색

가을 웜톤의 이미지 메이킹

❀ 가을(Worm Type) 이미지메이킹

① 내츄럴한 스모키 메이크업을 한다.

② 전체적으로 클래식하게 깊이감 있는 도회적이고 세련된 이미지를 표현한다.

③ **아이섀도** 카멜, 다크브라운을 사용한다.

④ **립컬러** 피치 컬러, 누드 브라운 계열을 사용한다.

⑤ **액세서리** 골드나 가죽 계열을 착용한다.

👎 Worst 블랙, 파스텔톤, 핑크 베이스의 섀도 혹은 립

👍 Best 음영 메이크업, 색조 화장, MLBB 컬러, 카키와 버건디, 골드 섀도

◎ 학습 목표

- 향수의 어원에 대해 알아본다.
- 향수의 종류에 대해 알아본다.
- 향수의 발향 구조에 대해 알아본다.
- 향수의 사용 방법에 대해 알아본다.

제1절 향 수

향수(perfume)는 '통해서(through)'라는 의미의 라틴어 '퍼(per)'와 연기(smoke)를 의미하는 '푸무스(fumus)'에서 유래된 단어이다. 흔히 종교 의식 중에서 제물로 희생된 동물의 냄새를 없애기 위해서 주로 사용했다. 인간이 향을 최초로 이용하게 된 것은 4~5천 년 전으로 거슬러 올라간다. 제단을 신성하게 여겨온 고대 사람들은 제단 앞에 나아갈 때 신체를 청결히 하고 향내가 풍기는 나뭇가지를 태우고 향나무 잎으로 즙을 내어 몸에 발랐다고 한다.

향수는 현대 사회에서는 필수 휴대품이다. 남녀노소에게 필요한 이미지메이킹 후각 아이템이다. 한편 장시간 비행 근무를 해야 하는 승무원들에게 향수는 필수 휴대품으로 지정되어 있다. 이미지메이킹 시 깔끔한 메이크업, 헤어도 중요하지만 자신만의 고유의 향을 가질 때 자신을 어필할 수 있으며 매력적인 서비스인이 될 수 있기 때문이다. 하지만 승무원은 한정된 공간 안에서 안전, 식음료 서비스 업무를 해야 하므로 향이 너무 강하면 안 된다. 은은하면서도 잔향이 풍부하고 지적인 향수를 선택하는 것이 좋다.

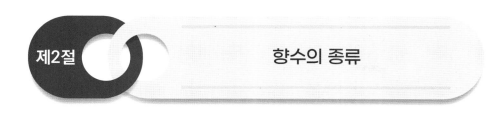

제2절　　향수의 종류

　향수는 향료의 원액 농도에 따라 향수의 종류와 지속 시간 및 특징이 달라진다. 농도에 따른 향수의 명칭과 특징은 아래와 같다.

종 류	향료 함유율	지속 시간	특 징
퍼퓸	15~30%	5~7시간	• 가장 완성도가 높은 향수(액체의 보석) • 저녁 외출이나 정식 자리에 사용, 수집용
오데 퍼퓸	10~15%	5시간	• 퍼퓸에 가까운 향 • 지속성은 적음 • 퍼퓸보다는 부향률이 낮아 경제적으로 부담 없이 사용 가능
오데 뚜왈렛	5~10%	2~4시간	• 오데 퍼퓸과 오데 코롱의 중간 정도 • 향수를 처음 접하는 초보자도 사용 가능 • 가장 대중적으로 쓰이는 향수
샤워 코롱	1%(2~3%)	1시간	• 부향률이 낮아서 전신에 부담 없이 사용 가능 • 바디에 사용하는 스킨의 기능과 방향의 효과를 가짐

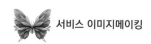

제3절 　　　　발향 구조

　향수는 시간이 지남에 따라 다른 향을 내며, 단계적으로 향기가 변한다. 향수는 바르는 순간부터 미세한 변화가 일어나기 시작한다. 이때 향수에서 나오는 후각적인 느낌을 '노트'라고 한다.

　노트는 발향 단계에 따라 탑 노트(Top Note), 미들 노트(Middle Note), 베이스 노트(Base Note) 세 가지로 분류된다.

단 계	내 용
탑 노트 (Top Note)	• 향수를 뿌린 직후부터 알코올이 날아간 10분 전후 첫 번째 인상의 향이다.
미들 노트 (Middle Note)	• 향수를 뿌린 후 30분~1시간 정도 지속되는 안정된 상태의 향이다. 향수의 테마를 이루며 향의 중심을 의미한다.
베이스 노트 (Base Note)	• 2~3시간 후부터 모든 향이 날아가기까지의 향들로 자신의 체취와 어우러져 나타나는 향이다.

제4절 향수 사용법

① 향수는 맨살에 뿌리는 것이 가장 좋으며, 향이 아래에서 위로 발산되므로 허리 아래 선에서 뿌려주면 은은하게 향이 퍼진다.

② 향수는 체온이 높고 맥박이 뛰는 곳을 중심으로 사용하도록 한다.

③ 살이 접히는 부위는 피한다.(겨드랑이 등)

④ 손목에 뿌린 후 향수를 비비면 뿌린 직후의 향인 탑 노트가 깨지기 때문에 비비지 않도록 한다.

⑤ 가죽, 모피, 실크 등의 의류에 직접적으로 향수를 뿌리면 자국이 생기거나 오염될 수 있다.

⑥ 향수를 뿌린 직후 직사광선에 노출되면 알코올 성분과 자외선이 반응하여 트러블과 착색의 원인이 되므로 자외선을 피할 수 있는 부위에 뿌려야 한다.

⑦ 향수는 직사광선을 피하고 온도의 변화가 적은 곳에서 보관하고 사용 후에는 반드시 마개를 닫는 것이 좋다.

향수 뿌리는 위치

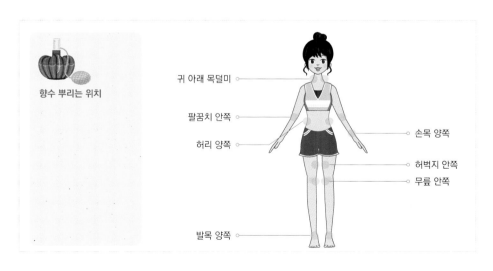

귀 아래 목덜미

팔꿈치 안쪽

허리 양쪽

손목 양쪽

허벅지 안쪽

무릎 안쪽

발목 양쪽

핸드 및 네일

❶ 따뜻한 물에 손 담그기

거칠어지고 건조해진 손톱과 손을 따뜻한 물에 5분 정도 담가 각질 등이 잘 제거될 수 있도록 한다. 손은 물론 손톱에 따뜻한 온기로 수분을 보충해주는 것은 물론 네일 관리를 위한 최적의 상태로 만들어주는 작업이다.

❷ 큐티클 정리 전 오일 바르기

큐티클을 부드럽게 해주기 위해 오일을 손톱 주변에 발라 흡수시킨다.

❸ 손톱 주위의 불필요한 큐티클 제거하기

큐티클 정리기로 손톱 안쪽의 불필요한 큐티클을 위에서 아래까지 골고루 밀어준다.

❹ 니퍼로 큐티클 제거하기

❺ 네일 광택기 사용하기

네일 광택기를 이용해 울퉁불퉁 해진 손톱을 살살 문질러준다. 그러면 매끈하고 광택 있는 손톱이 된다.

❻ 베이스코트 바르기

베이스코트는 폴리시를 바르기 전 손톱에 코팅 막을 씌워 주어 손상과 착색되는 것을 방지해주기 때문에 꼭 발라주어야 한다.

❼ 네일 컬러 바르기

폴리시는 붓으로 양을 조절하여 네일 중간 부분부터 먼저 발라주고 큐티클 라인을 따라 붓을 세워 바른다. 2번 덧발라준다.

❽ 탑코트 바르기

탑코트는 유지력을 높이고 광을 더 표현하기 위해 한 번 더 코팅 막을 씌우는 역할을 하므로 반드시 발라주어야 한다.

성별 상관없이 손은 위생을 위해 자주 물과 비누로 씻어야 하며 핸드크림을 사용하여 보습을 유지하여 깨끗하고 청결하게 유지해야 한다.

자 세

 학습 목표

- 항공사 객실 승무원의 바른 자세와 선 자세에 대해 알아
  본다.
- 항공사 객실 승무원의 인사 종류에 대해 알아본다.
- 항공사 객실 승무원의 바른 앉기 자세에 대해 알아본다.
- 항공사 객실 승무원의 워킹 자세에 대해 알아본다.

제1절 항공사 객실 승무원의
바른 자세와 선 자세

머라이언(Mehrabian) 박사는 "한 사람의 자세는 상대방에 대한 그 사람의 태도를 나타낸다."라고 했다. 누군가에게 보이는 나의 태도는 상대방을 존중하는 느낌을 주기도 하고 또는 무관심해 보이거나 부정적인 느낌을 전달하기도 하기 때문에 항공사 객실 승무원의 바른 자세는 중요하다. 항공사 객실 승무원의 바른 자세는 항공기에 탑승하는 손님에게 좋은 인상을 심어 주기도 하고 항공사의 이미지에 영향을 미치기도 한다.

① 항공사 객실 승무원의 바른 자세

바른 자세란 자연적인 척추의 곡선을 유지한 상태에서 척추를 똑바로 세우는 자세다. 그러기 위해서는 그저 꼿꼿이 서 있기만 하는 것이 아니라 뼈, 근육, 힘줄, 인대 등의 조직에 무리한 힘이 가해지지 않도록 해야 한다.

흔히 바른 자세는 몸이 불편해 실천하기가 쉽지 않다고 말한다. 하지만 바른 자세는 몸에 무리가 덜 가게 되어 우리 몸을 편안하게 만들어준다. 나쁜 자세가 편하게 느껴지는 것은 그 자세에 익숙해졌기 때문이다. 따라서 바른 자세를 만들도록 의식적으로 노력하는 것이 필요하다.

② 바른 자세의 효과

(1) 바른 자세는 자신감을 높여준다

연구 결과에 따르면 올바른 자세로 운동할 경우에는 몸을 구부정하게 할 때보다 자존감이 더 높아지고 자기 능력에 대한 믿음이 더 생기는 것으로 나타났다.

(2) 활력을 높여준다

바이오피드백 저널(Journal Biofeedback)에 실린 연구에 따르면 바른 자세로 서거나 앉으면 원기를 다시 회복하고 잘못된 자세에서 오는 무력감에서 벗어날 수 있다고 한다.

(3) 스트레스를 줄여준다

Health Psychology에 발표된 최근 연구 결과는 맡은 일이 지지부진할 때 바른 자세로 앉으면 부정적인 감정이 줄어들 수 있다고 한다. 게다가 올바른 자세는 기분을 좋게 해준다.

(4) 업무 능률을 높여준다

단순히 앉아 있는 자세를 바꾸기만 해도 업무 능률이 높아진다. 올바른 자세는 신체를 펴주고 뇌에 당신이 지금 힘 있는 자리에 있다는 신호를 준다. 이는 테스토스테론 분비를 늘려 생산성을 향상시켜준다.

(5) 편안한 숨을 쉴 수 있게 해준다

구부린 자세로 있을 때 신체를 드나드는 공기의 흐름이 억제된다. 똑바로 앉으면 산소 흡수량이 30%까지 는다고 Real Simple은 전했다. 좋은 자세는 가슴을 열어 우리 신체와 뇌에 더 많은 산소를 공급해 활력을 증대시킨다. 게다가 좋은 호흡을 통한 산소 유입 증대는 신체를 이완시키는 아주 자연스러운 방법이다.

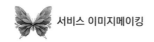

③ 항공사 객실 승무원의 바른 서기 자세

- 등이 굽지 않도록 일직선으로 허리를 세운다.
- 시선은 정면을 향하고 턱은 아래로 살짝 당긴다.
- 가슴을 편 상태에서 골반이 기울지 않도록 한다.
- 이때 목과 어깨, 허리의 힘을 빼야 한다.
- 아랫배와 엉덩이에 힘을 주어 위로 끌어당긴다.

(1) 여성 공수 자세

- 오른손이 위로 가도록 하여 앞으로 모은다.
- 양발과 무릎에 힘을 주어 붙인다.

(2) 남성의 바른 서기 자세

- 팔은 몸체에 붙이고, 손은 주먹을 살짝 쥐어 바지선에 붙인다.
- 발뒤꿈치는 붙이고 앞발은 약 30°정도 벌린다.

(3) 바르지 못한 자세

- 짝다리로 서 있거나 안짱다리로 서 있는 자세
- 팔짱을 끼고 있거나 주머니에 손을 넣고 있는 자세

여성
공수 자세

남성의 바른
서기 자세

바르지 못한
자세

(4) 바른 자세의 8가지 수칙

❀ 무게 중심 뒤에 두기

바른 자세를 위해서라면 약간은 거만한 자세를 취하는 것이 좋다. 어깨를 앞으로 굽히거나 허리를 숙이면 무게 중심이 앞으로 쏠려 등과 허리에 무리를 준다. 걷거나 서 있을 때는 허리와 등을 쭉 펴고 어깨를 조금 뒤로 젖히는 자세를 유지한다.

❀ TV는 눈 아래에 두기

척추는 목을 높이 받칠수록 휘는 각도가 심해진다. 따라서 TV는 눈높이보다 약간 낮은 곳에 두어 목을 바로 세운 상태에서 편안하게 내려다 볼 수 있도록 한다.

❀ 머리에 왕관 쓰기

올바른 걷기 자세를 위해서는 모든 사람이 투명 왕관을 써야 한다. 왕관이 흘러내리지 않게 턱은 지면과 평행이 되도록 들어 전방을 바라보며 곧은 자세를 유지하고 적당한 보폭으로 걷는 것이 좋은 자세를 위한 생활 습관 중 하나이다.

❀ 어깨에 힘 빼기

목에서 팔로 이어지는 어깨 통증은 근육이 장시간 과도하게 수축되어 발생하는 경우가 많다. 앉을 때는 어깨에 힘을 빼고 턱을 살짝 당긴 상태에서 목을 몸과 일직선이 되게 해야 한다.

❀ 양쪽의 균형 맞추기

무거운 가방을 한쪽 팔로만 들거나 한쪽 어깨로만 메면 어깨에 비대칭이 생긴다. 또 한쪽 다리만 지속적으로 꼬는 경우에는 골반이 기우뚱해지며 척추와 어깨뼈까지 기울게 된다. 배낭을 사용할 때는 양쪽 어깨에 메야 하며 다리는 가지런히 모으고 앉는 것이 좋다.

❀ 목은 C, 허리는 S 라인 유지하기

목은 C, 허리는 S, 이렇게 우리 몸속에는 알파벳이 숨어 있다. 목의 C 라인을 유지하려면 똑바로 누운 자세로 수면을 취하는 것이 좋고 낮은 베개를 사용해야 한다. 또 허리의 S 라인을 유지하려면 의자에 앉을 때 허리 뒤에 쿠션을 받치는 것이 좋다.

❀ 바른 자세도 1시간 이상은 독

장시간 같은 자세를 취하면 근육과 관절이 긴장하기 때문에 바른 자세라 하더라도 같은 자세를 1시간 이상 그대로 유지하는 것은 피하는 것이 좋다. 한 시간 동안 자세를 유지했다면 10분 휴식이라는 규칙을 세워 이를 지키는 것이 좋다.

❀ 수시로 스트레칭하기

스트레칭은 신체의 유연성을 향상시키는 최고의 방법이다. 또 스트레칭은 신진대사를 활발하게 만들어 생활 속에서 움직이지 않는 근육까지 수축, 이완시켜 지방 축적도 막아준다. 바른 자세와 스트레칭은 생활 속에서 꾸준히 해야 한다.

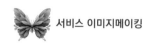

제2절 항공사 객실 승무원의
인사 종류

① 인사

　인사는 예절 가운데 가장 기본이 되는 표현으로 상대방을 인정하고 존경하며 반가움을 나타내는 형식의 하나이다. 또한 인간관계의 시작이자 끝이며 상대방에 대한 존중의 표현이다. 이것은 성공적인 인간관계의 열쇠이기도 한다. 인사는 사회생활에서 매우 중요하며 자신을 예의 바른 사람으로 인정받게 할 수 있는 지름길이다.

　항공사 객실 승무원은 유니폼을 입고 있어 주위의 시선을 한몸에 받는다. 그렇기 때문에 자신의 항공사 객실 승무원과 회사 직원에게 반드시 인사를 해야 하며 타 항공사 객실 승무원과 눈이 마주쳐도 눈인사 정도는 하는 것이 예의이다. 또한 대중교통 탑승 시 운전기사에게, 엘리베이터에서는 타인에게 먼저 인사하는 것이 예의이다. 항공사 객실 승무원은 그 회사의 이미지이다. 상대에게 먼저 밝게 인사하는 것이 상대방에게 긍정적인 이미지를 심어줄 수 있다.

② 인사의 마음가짐과 자세

❶ 정성과 감사의 마음을 가진다.
❷ 예의 바르고 정중하게 인사한다.
❸ 얼굴 표정은 밝고 상냥하게 하고 인사한다.
❹ 몸가짐은 단정히 하여 인사한다.
❺ 즐거운 마음으로 인사한다.
❻ 인사의 기회는 극히 순간적이므로 시기를 놓치지 말고 적기에 행한다.
❼ 상대가 "나의 인사를 받아줄 것인가"라는 생각은 절대 금물이다.

⑧ 인사는 당당하고 자신 있게 해야 한다.

③ 인사의 종류

(1) 목례(15° 인사)

15° 정도로 상체를 숙여서 하며, 이때 목만 까딱이는 목으로 하는 인사가 되지 않도록 주의한다.
- 가벼운 인사, 협소한 장소에서 인사할 때
- 가까운 동료나 하급자에게 인사할 때
- 좁은 공간에서 인사할 때(엘리베이터, 계단, 복도 등)
- 낯선 어른에게 인사할 때
- 한 번 인사한 상사를 또 다시 만났을 때

(2) 보통례(30° 인사)

보통례는 일반적인 인사를 할 때나 승객이 탑승, 하기 시에 하는 인사로 상체를 30° 정도 숙인다.
- 일상생활에서 인사할 때
- 상사나 윗사람에게 인사할 때
- 고객을 맞이하거나 배웅할 때

(3) 정중례(45° 인사)

정중례는 정중한 사과나 진심 어린 감사, 존경의 의미를 전달하는 인사로 상체를 45° 정도 깊게 숙이며 한다.
- 정중한 인사로 의식 행사에서 또는 높은 사람에게 인사할 때
- 국빈, 국가의 원수, 집안의 어른 등에게 인사할 때
- 감사 또는 정중히 사과할 때

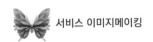

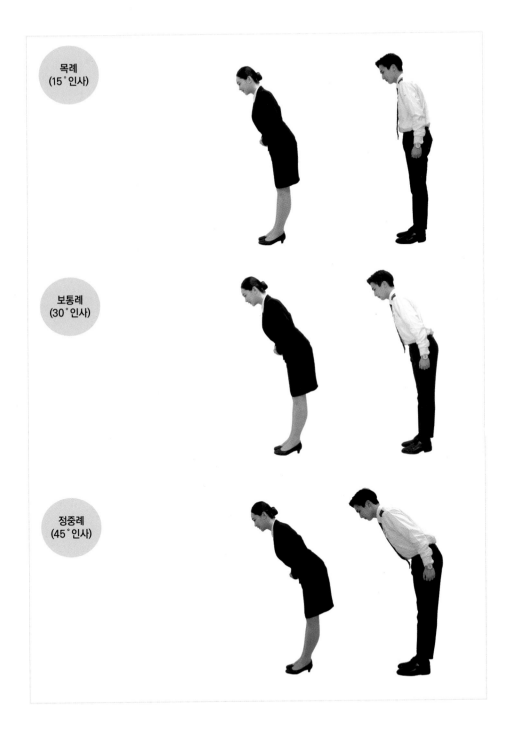

목례
(15˚인사)

보통례
(30˚인사)

정중례
(45˚인사)

④ 인사 방법

❶ 목과 허리가 일직선이 되도록 정면을 향해 바른 자세로 서고 턱을 살짝 당긴다.

❷ 여성: 공수 자세를 취한다. 남성: 손을 바지 봉제선에 붙인다.

❸ 눈 맞춤을 하고 미소를 짓는다.

❹ 허리와 고개를 천천히 숙인다.

❺ 정해진 각도에서 1초간 잠시 멈춘다.

❻ 천천히 상체를 일으킨다.

❼ 다시 한 번 눈 맞춤을 하고 미소를 짓는다.

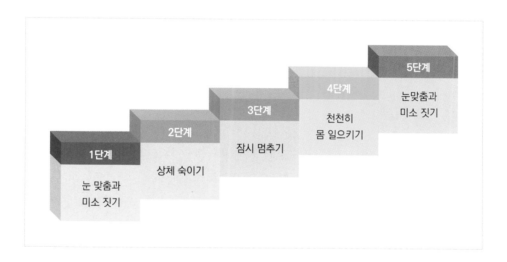

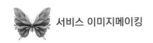

⑤ 고객 접점별 인사법(항공사 예)

구 분	인사말
환영	• 안녕하십니까? • 어서오십시오. • 반갑습니다.
자리 안내	• 좌석 안내해 드리겠습니다. • 안내해 드리겠습니다. • 손님 좌석은 이쪽입니다.
비행 중	• 무엇을 도와드릴까요? • 어제든지 필요하시면 말씀해 주십시오.
하기 시	• 안녕히 가십시오. • 다음에 또 뵙겠습니다. • 즐거운 여행 되셨습니까? • 안전한 여행 되십시오.

⑥ 인사를 생략해도 되는 경우

• 위험한 작업 중일 때
• 상사에게 결재 중이거나 주의를 받고 있을 때
• 회의 중이거나 교육 중일 때
• 중요한 상담 중일 때

⑦ 바르지 못한 인사

• 인사를 할까 말까 망설이다 쭈뼛거리며 하는 인사
• 고개만 까딱하는 인사
• 무표정하게 말로만 하는 인사
• 공손이 지나친 인사
• 쑥스럽다고 몸을 비틀며 하는 인사

제3절 항공사 객실 승무원의 바르게 앉는 자세

① 바르게 앉는 자세

(1) 여성

- 한쪽 발을 반보 뒤로 하고 몸을 비스듬히 하여 어깨너머로 의자를 보면서, 뒷 스커트를 손으로 감싸며 의자 깊숙이 앉으나 기대지는 않는다.
- 뒤쪽에 있던 발을 앞으로 당겨 두 발을 가지런히 모은다.
- 다리는 자신이 편한 쪽으로 사선으로 두어 다리를 길어 보이게 한다.
- 양손을 모아 무릎 위에 스커트를 누르듯이 가볍게 올려 놓는다.
- 어깨는 펴고 시선은 정면을 향하여 바라본다.
- 의자에 등은 붙이지 않는다.
- 일어설 때는 몸이 흔들리지 않도록 양발에 힘을 주어 한 번에 일어선다.

(2) 남성

- 의자보다 반보 앞에 바르게 선 자세에서 한 발을 뒤로 하여 의자 깊숙이 앉으나 기대지는 않는다.
- 의자에 기대지 않는다.
- 발을 허리 너비만큼 벌리고 양손은 주먹을 가볍게 쥐어 양 무릎 위에 올린다.
- 어깨를 펴고 시선은 정면을 향하도록 한다.
- 일어설 때는 몸이 흔들리지 않도록 양발에 힘을 주어 한 번에 일어선다.

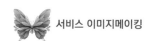

(3) 바르지 못한 앉기 자세

- 의자 등받이에 등을 기대거나 의자 끝에 걸터 앉는다.
- 등을 구부리고 앉는다.
- 다리를 벌리고 앉거나 짧은 치마를 입고 다리를 꼬고 앉는다.
- 다리를 X 자로 하고 앉는다.
- 앉을 때 여러 번에 걸쳐 고쳐 앉는다.
- 다리를 X 자로 하고 앉는다.

바르지 못한
앉기 자세

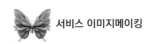

제4절 항공사 객실 승무원의
워킹 자세

평소에 자세를 바르게 하는 것이 중요하다. 워킹 자세는 각자가 가지고 있는 평소의 습관과 기본 자세에서 배어 나온다.

걸음걸이가 반듯한 사람은 자신감 있어 보이며 밝은 이미지를 준다.

① 워킹 자세

- 등을 쭉 펴고 턱을 가볍게 당긴다.
- 배에 힘을 주고 시선은 정면을 주시한다.
- 손은 손바닥에 계란 하나를 가볍게 쥔 느낌으로 주먹을 쥔다.
- 머리 위에서 끌어당긴다는 생각을 가지면 좀 더 당당하게 워킹할 수 있다.
- 팔은 평상시와 같게 자연스럽고 부드럽게 움직인다.
- 보폭은 자연스러운 너비로 워킹한다.
- 1자로 걷는 것이 아니라 11자로 걷는다.
- 엉덩이가 흔들리지 않도록 유의한다.
- 자신감을 갖고 걷는다.

② 바르지 못한 워킹 자세

- 턱을 빼거나 고개를 숙이고 걷는다.
- 어깨를 굽히고 상체를 흔들며 걷는다.
- 주머니에 손을 넣고 걷는다.

- 팔자로 걷는다.
- 지나치게 높은 굽을 신어 부자연스럽게 걷는다.

올바른
워킹 자세

바르지 못한
워킹 자세

chapter9

항공사
객실 승무원의 매너

◎ **학습 목표**

- 항공사 객실 승무원의 소개 매너(소개하기, 명함 교환, 악수 매너)
  에 대해 알아본다.

- 항공사 객실 승무원의 직장 매너에 대해 알아본다.

- 항공기 매너에 대해 알아본다.

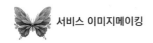

제1절 항공사 객실 승무원의 매너
(소개하기, 명함 교환, 악수 매너)

① 매너의 이해

매너는 라틴어의 Manuarius(마누아리스)에서 생겨난 말로 Manus(마누스)는 영어로 Hand, Arius(아리우스)는 More at Manual, More by the Manual을 뜻한다. Manus 는 손이라는 의미 외에도 사람의 행동이나 습관이라는 뜻을 내포하고 Arius는 방식, 방법 등을 의미하므로, 매너는 사람이 행동하는 방식과 방법 등을 나타낸다. 이것은 상대방을 배려하는 마음과 공동체적 생활 의식에 근거한 건전한 시민 정신으로부터 출발한 것이며, 배려와 자아 존중에 대한 형평성에 기초를 둔 것이다.

항공사 객실 승무원은 상대방을 배려하는 마음을 근거로 공동체 생활 속에서 고객뿐만 아니라 동료 선후배에 대한 매너도 갖춰야 한다.

② 소개하기

사람들은 사회생활을 하면서 늘 다른 사람에게 자신을 소개해야 하고, 또 소개 받으며 인간관계를 유지한다.

자신을 알리거나 다른 사람을 소개하는 일은 매우 중요한 일인 만큼 소개에 대한 기본적인 예의가 필요하다.

(1) 소개 순서

- 손윗사람에게 손아랫사람을 소개한다.
  - 지위가 높은 사람에게 지위가 낮은 사람을 소개한다.

- 연장자에게 연소자를 소개한다.
- 선배에게 후배를 소개한다.
- 이성 간에는 여성에게 남성을 소개한다.
- 기혼자에게 미혼자를 소개한다.
- 손님에게 집안사람을 소개한다.
- 고객에게 회사 동료를 소개한다.

(2) 소개 매너

- 동성끼리 소개말을 주고받을 땐 함께 일어선다.
- 성직자, 연장자, 지위가 매우 높은 사람을 소개받을 땐 남녀 관계없이 일어서는 것이 원칙이다. 다만 환자나 노령자는 예외다.
- 남성이 여성을 소개받을 때는 반드시 일어선다.
- 여성이 남성을 소개받을 때는 꼭 일어설 필요가 없다.
- 파티를 주최하는 여성(호스티스)은 상대가 남성이라도 일어서는 것이 예의다.
- 동성 간의 소개라면 악수하는 것이 보통이지만, 이성 간일 때엔 여성 쪽에서 간단히 목례와 미소를 보내는 것으로 충분하다. 연장자가 악수 대신 간단한 인사를 했다면 연소자도 이에 따른다.
- 우리나라에서는 소개를 받으면 명함부터 내밀고 보는 것이 관례지만 외국은 그렇지 않다. 사교 모임에서는 명함을 거의 주고 받지 않으니 '오른손으로 악수하며 왼손으로 명함을 꺼내 드는 실수'는 하지 않도록 한다.

(3) 소개 후 대화 내용

- 정치, 종교, 금전, 신체와 관련된 내용은 초면인 사람과는 피해야 할 주제들이다.
- 조용히 앉아만 있는 것도 실례다.
- 가족, 직장 문제 등 지나치게 개인적인 주제들은 되도록 꺼내지 않는 것이 좋다.

(4) 소개 후 헤어질 때

- 적은 인원의 파티에서 자리를 뜰 땐 소개 받았던 모든 이에게 인사한다.
- 사람이 많은 파티에서는 호스티스, 호스트와 자기 주변의 사람에게만 인사하면 된다.
- 사람들의 주의를 끌지 않도록 작은 목소리로 정중하게 이야기한다.
- 작별 인사를 할 때 역시 일어서는 것이 예의다

각국의 소개 관습

소개법에도 나라마다 약간의 차이가 있다

영국에서는 소개를 신중하게 하는 편이다. 모임에 초대받은 손님은 주최자의 지인이므로 반드시 주최자가 소개하도록 되어 있다. 모임 규모가 큰 경우에는 주최자가 열 명 정도의 소개를 끝마친 뒤 손님끼리 자유롭게 인사를 주고받기도 한다. 프랑스 등 그외 국가에서는 주최자의 소개를 기다리지 않고 손님끼리 인사를 나누는 것이 보편적이다. 유럽과 남미에서는 자기가 자기를 소개하는 것을 대단히 예의 없는 행동으로 여긴다. 주최자로부터 소개를 받는 것이 최선이며, 그렇지 못했을 땐 다른 이에게 소개를 부탁한다. 남성은 필히 참석한 모든 여성, 연장자, 손윗사람에게 소개해야 한다. 나이가 어린 여성은 연장자인 여성 전원에게 소개하도록 되어 있다.

---

③ 명함 교환 시 매너

(1) 명함

명함은 프랑스의 루이 14세 때 생겨났다고 전해지며 루이 15세 때에는 지금과 같은 동판 인쇄의 명함을 사용했다고 한다. 이처럼 오랜 역사를 가지고 있는 명함은 사교 및 비즈니스 생활에 있어서 자신을 대신해 주는 역할을 해왔다. 또한 사회생활을 하면서 자신을 소개하고 타인을 소개 받을 때 자신을 간략하면서도 정확하게 전달할 수 있는 매체가 명함이다. 명함은 '제2의 얼굴'이므로 구겨지거나 더럽혀지지 않도록 소중히 다루어야 한다.

> **TIP! 우리나라 최초의 명함 사용자**
>
> 1883년 한국 최초의 외교 사절 민영익, 홍영식, 서광범과 함께 미국을 방문했다가 당시 미국에 남아 학업을 이어갔던 한국인 최초의 미국 유학생 유길준이다.

(2) 명함 건네기

- 명함은 선 자세로 교환하는 것이 매너이며, 테이블 위나 서류 봉투 위에서 손으로 밀지 않는다.
- 상대와 눈을 맞춘 후 허리를 굽혀 인사한 뒤 오른손으로 주되 왼손을 받쳐서 공손하게 건넨다.
- 일반적으로 명함은 아랫사람이 윗사람에게 먼저 건넨다.

- 소개의 경우는 소개받은 사람부터 먼저 건네고, 방문자가 다음으로 건넨다.
- 상사와 함께 명함을 건넬 때는 상사가 건넨 다음에 건넨다.
- 이름을 가리지 않도록 주의하면서 두 손으로 건넨다.
- 동시 교환 시 오른손으로 건네고 왼손으로 받는다.
- 명함을 건넬 때는 소속 회사와 이름을 밝히며 건넨다.
- 명함을 건넬 때 상대가 이름을 바로 읽을 수 있도록 건넨다.
- 세로로 된 명함은 세로로 건넨다.

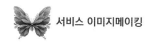

> **TIP!** **나라별 명함 매너**
>
> - **중국** 명함을 충분히 준비하는 것이 매너다.
> - **일본** 비즈니스 외에도 일상생활에서 주고 받는다.
> - **미국** 비즈니스 목적이 아닌 경우에는 교환하지 않는 경우가 많다.
> - **호주** 비즈니스 만남 시에도 명함을 받지 못할 수 있다.

(3) 명함 받기

- 명함은 손바닥 전체로 받는다. 명함 끝부분만 살짝 잡는 것은 좋지 않다.
- 명함을 받을 때 상대방 성함을 복창하며 관심 있는 표현과 인사말을 한다.
- 명함에 모르는 한자나 영어가 있으면 그 자리에서 묻는 것이 좋다. "실례지만, 이 한자는 어떻게 읽습니까?"라고 정중하게 여쭈어본다.(다음 통화나 만남에서 잘못 말 하면 큰 실례다)
- 명함을 받은 후에는 바로 지갑에 넣지 않고 탁자에 올려두고 상대방의 직함과 이름을 익히도록 한다.
- 여러 명의 상대와 명함을 교환하는 경우에도 한 사람 한 사람씩 명함을 교환한 다. 이때 상대를 혼동하지 않기 위해 받은 명함을 상대가 앉은 위치에 따라 나 란히 놓아도 된다.

(4) 명함 교환 시 부적절한 태도

- 명함을 이리저리 뒤져서 찾는다.
- 지갑에서 꺼낸다.(반드시 명함 지갑을 이용해야 함)
- 명함을 거꾸로 건넨다.
- 명함을 받아서 제대로 확인하지 않고 테이블 위에 툭 던진다.
- 상대의 명함을 구기거나 명함에 낙서한다.

- 구겨지거나 더러워진 명함을 건넨다.
- 명함을 테이블 위에 두고 그냥 자리를 떠난다.

④ 악수 매너

(1) 악수

악수는 선의를 보이기 위한 행동이다. 한국에서도 고려 시대나 조선 시대에 자신이 무기를 손에 쥐고 있지 않다는 것을 보여주기 위한 행위로부터 시작된 것으로 추측된다. 이 점 때문에 본래 무기를 들고 싸우지 않는 여성은 악수를 하지 않았다고 한다. 현재 악수는 어느 문화권을 막론하고 세계적으로 통용되는 가장 보편적인 인사법으로 알려져 있다. 따라서 올바른 악수 매너를 습득해야 한다.

각 나라의 악수법

- **미국인** 손을 힘 있게 쥐고 흔들며 손아랫사람일 경우 격려의 뜻으로 손아랫사람의 어깨를 두드리기도 한다.
- **유럽인** 손에 힘을 덜 준다.
- **벨기에인** 악수를 자주하는 편이다.
- **프랑스인** 악수를 자주하는 것을 비문화적이라고 여긴다.
- **중남미 국가** 여성과 악수할 때 손등에 입을 맞추는 경우가 많다.

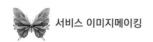

(2) 악수하는 방법

- 바른 자세로 일어서서 한다.
- 밝은 표정으로 상대의 눈을 바라보며 한다.
- 악수는 오른손으로 하는 것이 원칙이다.
- 악수는 고개를 숙이거나 허리를 굽힐 필요가 없으나 우리나라의 경우 상급자나 연장자와 악수할 때 존경의 뜻으로 고개를 살짝 숙이기도 한다.
- 예식용 장갑이 아닌 방한용 장갑은 벗고 악수하는 것이 매너이다.
- 손바닥 전체로 손을 가볍게 감싸 적당한 강도의 힘을 주어 악수한다.
- 상급자, 연장자, 여성(단, 비즈니스상의 경우 지위가 우선)이 먼저 청한다.

(3) 악수 시 부적절한 태도

- 왼손을 뒷짐지거나 주머니에 넣고 악수한다.
- 손을 너무 세게 잡거나 손끝만 잡고 악수한다.
- 상대의 양손을 잡고 굽실거린다.
- 손을 잡은 채 오랫동안 이야기한다.
- 왼손으로 악수한다.
- 땀에 젖은 손이나 불결한 손으로 악수를 청한다.

⑤ 안내 및 방향 지시

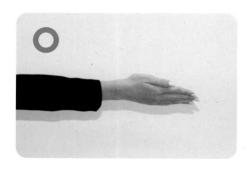
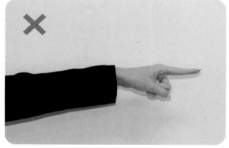

- 손가락을 가지런히 모아 바닥을 위로 하여 손 전체로 지시한다.
- 손등이 보이거나 손목이 굽지 않도록 한다.
- 시선은 상대의 눈에서 지시하는 방향으로 갔다가, 다시 상대의 눈으로 옮겨 상대의 이해도를 확인한다.
- 우측을 가리킬 때는 오른손, 좌측을 가리킬 때는 왼손을 사용한다.
- 손가락을 이용하여 안내 및 방향 지시를 하지 않는다.

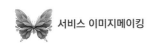

제2절 | 항공사 객실 승무원의 직장 매너

① 직장

직장은 살아온 환경, 성격, 성향이 다른 제각기 개성을 가진 사람들이 모여 이루는 조직으로 공동의 목표를 가지고 일하는 곳이다. 공동의 목표를 가지고 성과를 이루

어내기 위해서는 무엇보다 직장에서 인간 관계를 잘 형성해야 한다. 인간관계가 원만히 이루어지기 위해선 상대방의 가치를 인정해주고 상식적인 예절과 서로를 배려하는 마음이 필요하다. 특히 항공사 객실 승무원의 성별의 비율은 여성이 상대적으로 높다. 또한 제한된 공간에서 짧게는 1시

간, 길게는 14시간 이상의 비행을 함께 해야 하기 때문에 서로에 대한 매너와 배려하는 마음 없이는 원만한 비행이 이루어질 수 없다.

② 일반 직장 매너

(1) 출근 시 매너

- 10~30분 전에 도착한다.(주변 정리나 환기)
- 하루 일과에 대해 정리하고 우선순위를 정한다.
- 상사나 동료가 출근하면 자리에서 일어나 밝은 표정으로 인사한다.
- 타인에게 피해를 줄 수 있는 결근, 지각은 하지 않는다.(신뢰도 하락)

❀ 태국의 매너

- 식사할 때 나이프를 사용하지 않으며 두 손이나 스푼, 포크를 사용한다.
- 국물이 있는 음식을 먹을 때는 마시지 말고 스푼으로 떠먹는다.
- 식사를 초대 받았을 때는 음식을 조금 남기는 것이 예의이다.
- 개인적인 선물은 한국의 특성을 살린 것이 좋다.
- 국왕에 대한 존경심이 극진한 만큼, 국왕 사진에 손가락질을 하거나 왕실을 비하하는 등의 언행은 절대 금기이다.
- 왕궁을 관광할 때는 긴 바지나 긴 치마를 착용해야 하며, 필요한 경우 빌려 입을 수 있다.
- 불교 국가로써 사원을 신성한 장소로 인식하므로 사원 출입 시 반바지, 짧은 스커트, 망사 옷, 민소매 차림, 슬리퍼 차림은 피하도록 한다.
- 발은 신체에서 가장 낮은 부분으로, 발로 다른 사람이나 물건을 가리키는 것은 금기이다.
- 승려는 존경의 대상으로 여성 관광객이 악수를 요청하거나 물건을 건네주는 것 등의 접촉은 금기이다. 대중교통 수단에서도 승려의 옆자리는 비워둔다.
- 머리를 신성시하므로 함부로 만지지 않는다. 호의의 표시로 머리를 쓰다듬는 것은 우리의 문화일 뿐 그들에게는 불쾌감을 준다.
- 느긋한 국민성을 갖고 있어 '빨리빨리'가 통용되지 않는 경우가 많다.
- 연인이 아닌 여성에게 향수를 선물하는 것은 피한다.

④ 필리핀

- 수도: 마닐라
- 언어: 타갈로그어, 영어
- 면적:3천만 ㏊ 세계 71위(2016 국토교통부, FAO 기준)
- 인구: 1억 958만 1,078명 세계 13위
- 종교: 가톨릭 83%, 개신교 9%, 이슬람교 5%, 불교 등

원래 아시아 대륙의 일부로서 대륙의 침강 작용으로 생성되었으며, 이에 따라 국토의 대부분이 고지대로서 높이 1,200~2,400m의 산지이며 평지가 적다. 기후는 전반적으로는 고온 다습한 아열대성 기후이며, 일부 산악 지대는 비교적 쾌적한 산지 기후를 보이고 있다. 정부 형태는 대통령 중심제의 공화제이다.

필리핀에서는 이혼이라는 것을 법적으로 허용하지 않는다. 이혼에 준하는 법적 절차는 있지만, 서류상 이혼이 아닌 법적 별거가 존재한다. 이 법적 별거에 해당되는 사유는 쌍방 간 배우자에게 치명적인 범법 행위를 하거나 결혼 전 숨겨서는 안 될 사실을 숨기고 결혼한 경우이며, 사실상의 이혼에 해당하는 조치를 취할 수 있다. 이것 외에도 시에스타(낮잠 시간)를 지키는 것 역시 스페인 문화권의 영향을 받았다.

✿ 필리핀의 매너

- 영어를 사용하며 악수가 보편적인 인사이다. 악수는 여성이 청할 때까지 기다린다.
- 가정에 초대되었을 때는 30분 정도 늦게 도착하도록 하며 인사는 연장자순으로 한다.
- 준비한 음식은 맛을 보도록 하며 조금 남기는 것이 예의이다.
- 존경의 표시로 오른손을 이마에 대는 관습이 있다.

- 공식 석상에서는 샌들을 착용하지 않는다.
- 카톨릭 문화권으로 이혼을 금하며, 별거하거나 결혼 무효 소송을 통해 해결한다.
- 필리핀에서는 OK 사인이 돈을 의미한다.
- 'STUPID'는 금기어이다.
- 식사 중의 코풀기는 결례이다.
- 식사 후에 트림은 매우 맛있게 먹었다는 의미이다.
- 손가락으로 탁자를 두드리는 것은 상대 여성에 대한 모욕이다.
- 경찰이나 이민국을 사칭하는 경우가 많으므로 상대에게 신분증 제시를 요구하면 주의한다.
- 총기 소지가 어렵지 않은 나라이므로 분쟁은 피한다.
- 치안은 매우 나쁘다.
- 경비가 보안 문제를 들어 몸 수색, 출입 허가증 제시, 방문 목적 묻기 따위를 요구하면 이를 거부하지 말고 시키는 대로 순순히 따라야 한다. 따르지 않으면 위험 인사로 취급되어 그 자리에서 총을 맞고 죽어도 항의할 수 없다.
- 호텔이나 쇼핑몰 입구에는 금속 탐지기를 갖춘 경비원과 탐지견이 경비를 서고 있는 경우가 많고 손님이 택시를 타면 택시 번호를 적어둔다.

⑤ 말레이시아

- 수도: 쿠알라룸푸르
- 언어: 말레이어
- 면적: 3,303만 4,500㏊ 세계 66위
- 인구: 3,236만 5,999명 세계 45위
- 종교: 이슬람교(국교), 불교, 힌두교 등

　종족 구성은 말레이인 58%, 중국인 25%, 인도 파키스탄인 7% 등으로 이루어져 있으며, 각 민족은 제각기 전통적 문화·종교·언어·사회 관습 등을 고집하고 있다. 공용어는 말레이어이며 영어·중국어·타밀어도 쓰인다. 국교는 이슬람교로 60%를 점유하나 종교의 자유가 보장되어 불교 19%, 기독교 9%, 힌두교 6.3%의 비율을 보인다.

　기후는 말레이반도와 보르네오섬 모두 고온 다습한 열대성 기후이며, 주요 자원은 생산량 세계 1위의 천연고무를 비롯하여 야자유·주석·원목·원유 등이 있고, 이러한 1차 산품의 수출이 총 수출의 약 70%를 점하는 전형적 단일 재배 경제를 이루고 있다. 그 결과 해외 시장의 여건 변동에 지대한 영향을 받는 취약점이 있고, 주요 기간 산업에 있어서 외국 자본의 비중이 높다.

✿ 말레이시아의 매너

- 검지를 이용해서 사람을 가리키는 것은 금기이다. 사람을 가리킬 때는 오른손을 쥐고 엄지로 가리키도록 한다.
- 친분을 형성하기 전에는 선물하지 않는다.
- 국가 기관인 반부패청이 있어서 뇌물을 금지하고 있다.
- 가정 방문 시에는 꼭 신발을 벗어야 한다.
- 청색, 백색은 죽음을 의미하므로 선물할 때 주의해야 한다.
- 개를 부정한 것으로 생각하는 만큼 강아지 장난감, 개 그림이 들어간 선물은 삼간다.
- 이슬람 문화로 돼지고기와 술, 알코올이 첨가된 향수 등은 선물하지 않는다.
- 방문객에게 차를 대접하는 것은 예의라고 생각하므로 사양하지 않는다.
- 식사와 악수는 오른손으로만(왼손은 화장실에서만 사용한다고 생각) 한다.
- 이슬람 문화로 인해 술을 마시지 않으므로 지나치게 술을 권하지 않는다.
- 모스크 방문 시 남자는 반바지 차림도 가능하나 여자는 반드시 몸 전체를 가려야 한다.
- 모스크에서는 신발을 벗고 입장해야 하며, 사진 촬영은 금지되어 있다.

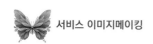

⑥ 싱가포르

- 수도: 싱가포르
- 언어: 말레이어, 중국어, 영어, 타밀어
- 면적: 7만 1,900ha 세계 190위(서울 면적과 비슷)
- 인구: 585만 342명 세계 113위
- 종교: 불교 33%, 기독교 18%, 이슬람 15%, 도교 등

동남아시아에 있는 도시 국가, 미니 국가이자 섬나라이다. 말레이반도 끝자락 같지만 엄연히 사면이 바다로 둘러싸인 나라이다. 북쪽에는 좁은 조호르 해협을 두고 말레이시아의 조호르바루와 다리로 이어지며, 남쪽에는 인도네시아와 말라카 해협을 사이에 두고 있다.

정부가 강력한 행정력으로 국민을 통솔하는 경찰 국가이자 엄격한 사법 집행을 내세우는 영미법계 엄벌주의 국가이다. 경제적으로는 자원이 부족하고 주변국의 영향력을 강하게 받을 수밖에 없는 도시 국가의 특성상, 정치가 적극적으로 시장에 관여한다. 나아가 나라 전체가 하나의 기업체처럼 활동하는 기업 국가를 지향하고 있기도 하다.

❀ 싱가포르의 매너

- 손으로 음식물을 집어 먹는 것은 피하는 것이 좋다.
- 체면을 중시하며 약속 시간에 늦는 것을 모욕이라고 생각한다.
- 여성의 사회 참여가 많고, 여성을 존중하는 사회이다.
- 법률과 규정이 많고, 엄격하게 집행한다.
- 흡연, 무단 횡단, 화장실 사용 후 물을 내리지 않아도 신고하면 벌금이 부과된다.
- 버스나 전철에서 취식, 흡연하거나 애완동물을 데리고 탈 수 없다.
- 술·담배에 대해서는 입국 시 세금이 부과된다.
- 싱가포르 국민들은 술, 담배를 좋아하지 않으므로 권하지 않는 것이 좋다.
- 공무원과 접촉 시에 사례금, 뇌물을 제공하는 것은 금기이다.
- 대부분 봉사료가 포함되어 있어서 팁은 따로 주지 않아도 무방하다.
- 공공 장소에 침을 뱉는 행위도 초범일 경우 싱가포르 달러 $1,000, 재범은 $2,000의 벌금이 부과된다.
- 개, 고양이 같은 동물을 데리고 버스나 전철에 탈 수 없다.

⑦ 베트남

- 수도: 하노이
- 언어: 베트남어
- 면적: 3,312만 3천ha 세계 65위(2016 국토교통부, FAO 기준)
- 인구: 9,733만 8,579명 세계 15위(2020 통계청, UN, 대만 통계청 기준)
- 종교: 불교 12%, 가톨릭 7% 등

동남아시아의 인도차이나반도 동부에 있는 나라이다. 지정학적 특성 때문에 외국의 침략과 지배를 자주 받아오다가 1884년에 프랑스 식민지가 되어 프랑스령 인도차이나에 편입되었다. 1945년 제2차 세계대전이 끝나자 독립을 선언하고 베트민을 중심으로 베트남 민주공화국을 발족시켰다.

정식 명칭은 베트남 사회주의 공화국(Socialist Republic of Vietnam)으로, 주민은 베트남인이 90% 이상을 차지하고 있으며, 그 밖에 중국인과 53개의 소수 민족으로 구성되어 있다. 공용어는 베트남어이며, 종교는 불교가 80%, 가톨릭교가 9% 등이다.

❀ 베트남의 매너

- 유교의 영향을 받아 한국과 유사한 전통과 예절을 갖고 있으며 경로 사상 등은 한국보다 강하고, 도덕과 윤리, 예절을 중시하며 사회주의 국가인 만큼 평등 의식이 강하다.
- 정이 많고 외국인에게 우호적이다.
- 오랜 전쟁으로 인해 남(호치민), 북(하노이)의 지역 감정이 남아 있다.
- 교통사고의 책임은 배기량순이다. 대형차와 소형차가 충돌하면 대형차의 잘못

이 많다고 판정한다.

- 프랑스 식민지(1859~1954)의 영향으로 베트남 커피와 바게트 빵을 즐겨 먹는다.
- 불교 국가지만 모든 육식을 즐기며 음식의 재료가 다양하다.
- 담배, 맥주, 커피는 베트남 남자들의 3대 기호품이다.
- 중앙선과 신호등이 없는 도로가 많아 교통사고가 빈발하여 월 1,000명 이상이 오토바이 사고로 사망한다.
- 밥그릇에 입을 대고 소리를 내며 먹는 것이 예의이다. 단 식사 중에 소리를 내는 것은 삼간다.
- 어깨에 수호신이 머문다고 믿으므로 어깨를 치거나 건드리면 안 된다.
- 공항이나 호텔에서도 분실에 주의해야 한다. 하노이 공항의 경우도 탑승객보다 많은 전송객/환영객으로 혼잡이 극심하다.

베트남 전통 의상- 아오자이

베트남 여성의 민속 의상. 베트남어의 '아오'는 옷, '자이'는 길다는 뜻이다. 품이 넉넉한 바지와 길이가 긴 상의로 되어 있다. 중국의 전통복을 베트남의 풍토와 민족성에 동화시켜서 만든 것으로, 상의는 중국복[胡服]의 영향을 받아 옆이 길게 트여 있고(슬릿), 깃은 차이니스 칼라로 되어 있다.

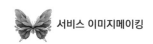

제2절 유럽·아메리카의 매너

① 독일

- 수도: 베를린
- 언어: 독일어
- 면적: 3,575만 9천ha 세계 63위(2020 국토교통부, FAO 기준)
- 인구: 8,329만 4,633명 세계 19위(2023 통계청, UN, 대만 통계청 기준)

❀ 질서를 잘 지키며 검소하고 합리적인 사고를 지닌 국가

- 종교나 정치적 화제는 피하는 것이 좋고, 축구나 그 고장의 맥주에 대한 얘기를 하는 것이 좋다.
- 복장으로 상대를 평가하지 않는다.
- 결혼 전의 동거에 대해 관대하며, 동성 간의 혼인도 허용되는 나라이다.
- 교통사고 발생 시 미안하다고 하면 자신의 책임을 인정하는 결과를 가져온다.
- 여성을 존중하는 문화가 철저해서 여성이 방에 들어올 때 일어서며, 여성이 서 있는 동안에는 연령이나 지위에 상관없이 남성은 서 있어야 한다.
- 악수는 강하고 짧게 하며 고개를 숙이는 일은 없다.
- 테이블에서의 트림은 금기이며 식사 중에 코를 푸는 것은 자연스럽게 생각한다.
- 식사 중에 무릎에 손을 놓는 것은 결례이다.
- 상점, 레스토랑을 출입할 때 인사하지 않으면 무례하다고 여긴다.

- 이국적인 작은 선물 외에는 뇌물이 통용되지 않는 사회이다.
- 시간 엄수는 세계 제일이다.
- 칭찬하면 당황해하며 칭찬받으려고 하지도 않는다.
- 가식과 과장을 싫어한다.
- 과도한 농담은 가벼운 사람으로 인식한다.

② 영국

- 수도: 런던
- 언어: 영어
- 면적: 2,436만 1천ha 세계 79위(2020 국토교통부, FAO 기준)
- 인구: 6,773만 6,802명 세계 21위(2023 통계청, UN, 대만통계청 기준)

　　다양한 민족, 인종이 연합 왕국을 이루어 공존하며 조화를 이루는 국가이다. 신사의 나라라는 이미지답게 대체로 온화하며 격렬한 언쟁을 싫어한다. 전통을 존중하고 질서를 잘 지키며 느긋한 여유를 갖고 있다.

❀ 영국의 예절

- 왕실에 대한 자부심이 깊어서 왕실을 조롱하는 언동은 금기이다.
- 개에 대한 친숙함이 오랜 전통이어서 애완견을 학대하면 비난의 대상이 된다.
- 길에서 침을 뱉는 것은 절대 금기이다.
- 세계 최고 수준의 시민 의식을 자랑하는 나라이며, 복장, 관습에서 전통을 중시하는 나라이다.
- 코 푸는 습관은 예의에 어긋나는 것이 아니다.
- 백합은 죽음을 상징한다.

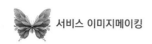

- 저녁 약속은 상대방 부인의 양해가 필요하므로 최소 1개월 전에 신청한다.
- 식사 예절은 엄격한 편이다.
- 음주는 절제해야 하며 공식 석상에서 돈 얘기를 하는 것은 신사도에 어긋난다.
- 큰 소리를 내며 웃는 것은 신사가 아니라고 생각한다.

③ 미국

- 수도: 워싱턴
- 언어: 영어
- 면적: 9억 8,315만 1천ha 세계 3위(2020 국토교통부, FAO 기준)
- 인구: 3억 3,999만 6,563명 세계 3위(2023 통계청, UN, 대만통계청 기준)

 유럽에 가치관의 뿌리를 두고 있으면서 좀 더 개방적이고 자유로운 것이 미국 문화이다. 평등 의식이 강하고 약속 시간에 철저하다. 북동부는 보수와 자유의 양면성을 지니며, 남부 지방은 전통과 개인 간의 관계를 중시한다. 프라이버시를 존중하는 사회이다.

❀ 미국의 예절

- 레이디 퍼스트가 생활화되어 있다.
- 몸이 부딪치면 반드시 사과한다.
- 신발을 신는 것을 옷의 연장으로 생각하기에 신발을 벗지 않는다.
- 초면 인사 직후라도 곧바로 퍼스트 네임으로 불러주는 것을 좋아한다.
- 약속은 대개 1주일 전에 하는 것이 좋다.
- 옆자리는 운전자만의 공간이므로 택시 운전자의 옆자리에 앉지 않는다.
- 경찰에 적발 시 불필요한 동작을 하지 않는다.

- 선물은 받은 즉시 풀어 보는 것이 예의이다.
- 선물은 잘 하지 않는 편이다.
- 팁 문화가 발달한 나라이다.
- 남성이 실내에서 모자를 쓰는 것은 결례이다.
- 점심은 간단히 저녁은 풍성하게 먹는다.
- 식사 도중 팔꿈치를 테이블에 올리는 것은 결례이다.
- 총기를 소지할 수 있는 주가 많으니 조심해야 한다.
- 치안이 매우 불안한 국가(밤에는 절대 밖에 나가면 안 된다.)이다.

같은 동작 다른 의미

엄지손가락을 치켜세우는 동작
- 한국: '잘했어' '최고'의 뜻
- 호주, 중동, 아프리카: 외설적인 표현

손가락 V
- 한국: 승리, 기쁨의 의미
- 영국: 손바닥이 보이는 V – 승리의 기쁨
  손등이 보이는 V – 큰 모욕을 주는 행동

손바닥을 아래로 하여 손짓하는 행위
- 한국: 사람을 부를 때
- 중동 지역: 오라는 의미
- 서구 지역: 가라는 의미

오케이 사인
- 한국: 알았어, 좋다는 의미
- 프랑스: 형편없다. 아무것도 없다는 뜻
- 브라질, 중동, 러시아, 터키, 아프리카: 외설적인 표현

국내 주요 항공사
채용 절차

 **학습 목표**

- 국내 항공사 지원 자격 요건 및 전형 절차에 대해 알아 본다.
- 국내 주요 항공사 공인 외국어 성적 지원 자격에 대해 알 아본다.

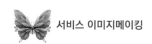

제1절 ‖ 국내 주요 항공사 채용 절차

① 대한항공

✿ 자격 요건

자격 구분	지원 자격
학력	• 전문 학사 이상 학력 소지자(기졸업자 및 2월 졸업 예정자 포함)
전공	• 제한 없음
어학	• TOEIC 550점 또는 TOEIC Speaking LVL 6 또는 OPIc LVL IM 이상 취득한 자
신체 조건	• 기내 안전 및 서비스 업무에 적합한 신체 조건을 갖춘 자
시력	• 교정 시력 1.0 이상 권장
병역	• 남자의 경우 병역을 필하였거나 면제된 자
기타	• ※ 외국어 성적의 경우 지원 마감일 기준 2년 이내 국내 정기 시험 성적만 인정

✿ 전형 절차

서류전형 〉 1차면접 〉 2차면접 영어구술 〉 체력/수영 〉 3차면접 〉 서류전형 〉 건강진단 〉 최종합격

✿ 제출 서류

- 어학 성적표 원본 1 부
- 최종 학교 성적 증명서 1 부
- 졸업(예정) 또는 재학 증명서 1 부

- 석사 학위 이상 소지자는 대학 이상 전 학력 졸업 및 성적 증명서 제출
- 기타 자격증 사본 1 부
  - 소지자에 한함

✿ 기타 사항

- 국가 보훈 대상자는 관계 법령에 의거하여 우대한다.
- 영어 구술 성적 우수자는 전형 시 우대한다.
- 태권도, 검도, 유도, 합기도 등 무술 유단자는 전형 시 우대한다.
- 2년간 인턴으로 근무 후 소정의 심사를 거쳐 정규직으로 전환 가능하다.
- 일정 및 전형 절차는 당사 사정에 따라 변경될 수 있다.
- 원서 접수 마감일에는 지원자 급증으로 인해 접속이 원활하지 않을 수 있으므로 조기에 원서를 제출해야 한다.

② 아시아나항공　

✿ 자격 요건

자격 구분	지원 자격
학력	• 전문 학사 이상 학력 소지자(기졸업자 및 2월 졸업 예정자 포함)
전공	• 제한 없음
어학	• 어학 성적 고득점자 우대
신체 조건	• 기내 안전 및 서비스 업무에 적합한 신체 조건을 갖춘 자
시력	• 교정 시력 1.0 이상 권장
병역	• 남자의 경우 병역을 필하였거나 면제된 자
기타	• 영어 구술 성적표(TOEIC Speaking, GST, OPIc)는 소지자에 한하여 기재하며 성적 우수자는 전형 시 우대함 • ※ 외국어 성적의 경우 지원 마감일 기준 2년 이내 국내 정기 시험 성적만 인정

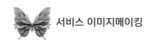
❀ 전형 절차

온라인 입사지원 〉 서류전형 〉 1차 실무면접 〉 2차 임원면접 영어구술 〉 건강검진 체력측정 인성검사 〉 최종(종합) 합격자발표 〉 입사

❀ 참고 사항

- 1차 실무자 면접은 지원자가 선택한 응시 지역 또는 당사가 지정한 지역에서 실시한다.(서울/부산/광주)
- 2차 임원 면접 시 영어 구술 테스트를 실시하며, 토익 스피킹 레벨 5, OPIc IL등급, ESPT 480점 이상 성적 제출자는 영어 구술 테스트가 면제된다.
- 2차 임원 면접 합격자에 한하여 체력 측정/검강 검진/인성 검사를 실시한다.
- 체력 측정 항목
  - 배 근력
  - 악력
  - 윗몸 일으키기
  - 유연성
  - 수영(자유형 25m 완영)

❀ 제출 서류

- 국문 입사 지원서(온라인 작성)
- 기타 서류
  - 어학 성적표 원본
  - 최종 학교 졸업(예정) 증명서(편입한 경우 편입 전 학교 증명서 포함)
  - 졸업 예정 증명서 발급 불가 시 재학 증명서 대체 가능
  - 성적 증명서(4.5 만점으로 환산, 편입한 경우 편입 전 학교 증명서 포함)
  - 자격증 사본
  - 경력 증명서

- 취업 보호 대상 증명원(해당자)
- 기타 입사 지원서에 기재한 내용을 증빙할 수 있는 서류

③ 티웨이항공

❀ 자격 요건

자격 구분	지원 자격
학력	• 전문 학사 이상 학력 소지자(기졸업자 및 2월 졸업 예정자 포함)
전공	• 제한 없음
어학	• TOEIC 600점 이상 성적 소지자 • 제2 외국어(베트남어, 일본어, 중국어)능력 우수자 우대
신체 조건	• 기내 안전 및 서비스 업무에 적합한 신체 조건을 갖춘 자
시력	• 교정 시력 1.0 이상 권장
병역	• 남자의 경우 병역을 필하였거나 면제된 자
기타	• 해당 분야 관련 자격증 소지자 우대 • 국어 능력 우수자 우대 • 취업 보호 대상자 및 장애인은 관련법에 의거 우대

❀ 전형 절차

서류전형 > 1차면접 > 2차면접 > 수영 TEST > 3차면접 > 신체검사 > 최종합격

❀ 제출 서류(3차 면접 참석 시 제출)

- 최종 학교 졸업(예정)증명서 및 성적 증명서

  (석사 이상 학위 소지자는 학부 포함, 편입의 경우 편입 전 성적 증명서 포함)

- 자격증 사본

- 경력 증명서
- 취업 보호 대상자 및 장애인 증명원

④ 에어부산

✿ 지원 자격 요건

자격 구분	지원 자격
학력	• 전문 학사 이상 학력 소지자(기졸업자 및 2월 졸업 예정자 포함)
전공	• 제한 없음
어학	• 어학 성적 고득점자 우대
신체 조건	• 기내 안전 및 서비스 업무에 적합한 신체 조건을 갖춘 자
시력	• 교정 시력 1.0 이상 권장
병역	• 남자의 경우 병역을 필하였거나 면제된 자
기타	• 영어 구술 성적표(TOEIC Speaking, GST, OPIc)는 소지자에 한하여 기재하며 성적 우수자는 전형 시 우대함 • ※ 외국어 성적의 경우 지원 마감일 기준 2년 이내 국내 정기 시험 성적만 인정

✿ 전형 절차

온라인 입사지원 > 서류전형 > 1차 실무면접 > 2차 임원면접 영어구술 > 건강검진 체력측정 인성검사 > 최종(종합) 합격자발표 > 입사

✿ 참고 사항

- 모든 전형 과정에서 증명사진을 제출하지 않는다.
- 모든 전형 과정은 부산에서 진행된다.
- 최종 제출 후 최종 접수 메일에 있는 본인 수험 번호를 반드시 확인해야 한다.
- 체력 측정 항목: 악력, 배 근력, 유연성, 지구력
- 수영: 자유형 25m 완영 조건

⑤ 진에어

❀ 지원 자격 요건

자격 구분	지원 자격
학력	• 전문 학사 이상 학력 소지자(기졸업자 및 2월 졸업 예정자 포함)
전공	• 제한 없음
어학	• TOEIC 550점 또는 TOEIC Speaking LVL 6 또는 OPIc LVL IM 이상 취득한 자
신체 조건	• 기내 안전 및 서비스 업무에 적합한 신체 조건을 갖춘 자
시력	• 교정 시력 1.0 이상 권장
병역	• 남자의 경우 병역을 필하였거나 면제된 자
기타	• ※ 외국어 성적의 경우 지원 마감일 기준 2년 이내 국내 정기 시험 성적만 인정

❀ 전형 절차

서류전형 〉 1차면접 〉 인성검사 〉 2차면접 (구술 Test) 〉 건강진단 및 체력 Test 〉 최종합격

❀ 제출 서류(1차 면접 당일)

• 취업 보호 대상자 증명원 원본 1부(소지자에 한함)

❀ 기타 사항

• 국가 보훈 대상자는 관계 법령에 의거하여 우대한다.
• 제2외국어(일본어, 중국어) 능통자는 전형 시 우대한다.
• 2년간 인턴으로 근무 후 소정의 심사를 거쳐 정규직으로 전환 가능하다.
• 일정 및 전형 절차는 당사 사정에 따라 변경될 수 있다.
• 제출된 서류는 채용 목적 이외에는 사용하지 않는다.

⑥ 제주항공   *JEJUair*

❊ 지원 자격 및 우대 사항(객실 정규직 전환형 인턴 승무원)

모집 구분	직무 분야	근무지	채용 인원	직무 내용	지원 자격
정규직 전환형 인턴 승무원	인턴 객실 승무원	서울 인천	○○	객실 승무원	[공통 필수] • 전문 학사 이상의 학력을 가진 자(사이버 대학 및 학점 은행제 학위 인정) • 기졸업자, 2017년 8월 졸업 예정자 • 공인 어학 성적 〔TOEIC 550점 또는 TOEIC SPEAKING 5급 (110점) 이상〕
			○○	객실 승무 영어 특기	• 전문 학사 이상의 학력을 가진 자 (사이버 대학 및 학점 은행제 학위 인정) • 기졸업자, 2017년 8월 졸업 예정자 • 공인 어학 성적(영어 토익 880점 or 토익 스피킹 Lv6 이상 또는 이에 상응하는 점수 소유자)
			○○	객실 승무 중국어 특기	• 공통 필수 사항 및 新HSK 5급(180점) 또는 HSK회화 중급 이상
		부산	○○	객실 승무 일반	• 공통 필수 사항 및 JLPT N2 또는 JPT 600점 이상 [공통 필수] • 전문 학사 이상의 학력을 가진 자(사이버 대학 및 학점 은행제 학위 인정) • 기졸업자, 2017년 8월 졸업 예정자 • 공인 어학 성적〔TOEIC 550점 또는 TOEIC SPEAKING 5급(110점) 이상〕

- 재주 캐스팅 및 다른 일반 전형과 중복 지원 시 불이익이 있다.
- ※ 중국어, 일본어 및 영어 특기자는 입사 지원서 작성 시 어학 특기 구분 중 <u>중국어, 일본어, 영어 중 하나를 필수 선택한다.</u>
- ※ 접수일 기준 취득 2년 이내의 공인 어학 점수에 한함(필수 사항)
  ※ 상기 공인 어학 점수와 이에 상응하는 공인 어학 점수로 대체 가능
  ※ 해외 체류자 혹은 이민자, 유학자의 경우에도 어학 성적표 필수

✿ 지원 자격(객실 정규직 전환형 인턴 승무원-재주 캐스팅)

모집 구분	직무 분야	근무지	채용 인원	직무 내용	지원 자격
정규직 전환형 인턴 승무원	인턴 객실 승무원	서울 인천	○○	객실 승무원	[공통 필수] • 전문 학사 이상의 학력을 가진 자(사이버 대학 및 학점 은행제 학위 인정) • 기졸업자, 2017년 8월 졸업 예정자 • 공인 어학 성적 [TOEIC 550점 또는 TOEIC SPEAK-ING 5급(110점) 이상]

· 인턴 객실 승무원 및 다른 일반 전형과 중복 지원 시 불이익이 있다.
· 아래 사항 및 동봉된 재주 캐스팅 채용 가이드를 참고하여 지원한다.

✿ 재주 캐스팅 지원 방법

❶ 채용 홈페이지 접속 후 이력서 작성 및 인스타그램 아이디를 기입한다.(자기소개서 1번에 본인 아이디만 기재)
　　- 올바른 예: jhyoon_1
　　- 잘못된 예: 제 아이디는 jhyoon_1입니다/ ID: jhyoon_1/jhyoon_10이에요~ 등
❷ 인스타그램에서 제주항공 채용 계정(jejuair_recruit)을 찾아 팔로우한다.
　비공개 계정이므로 직접 검색을 해야 한다. 팔로우 수락은 서류 전형 마감일 1일 전 00:00까지이다.
❸ 지원 번호와 성명, 연락 가능한 연락처를 DM으로 남긴다.
　지원 번호와 연락처를 남겨야 지원이 완료된다.
　(지원 번호는 이력서 작성이 완료되면 개인 메일로 자동 발송된다.)
❹ 제주항공 승무원에 어울리는 본인의 재능과 열정을 인스타그램 영상으로 만들어 보낸다.(영상 최대 길이는 1분이며, 형식은 자유이다.)
❺ 서류와 1차 면접 심사는 지원자의 영상으로 결정된다.

✿ 유의 사항

• 인턴 수습 기간은 최대 2년이며, 종료 시점에 전환 평가 후 정규직으로 전환된다.
• 다른 전형과의 중복 지원 시 불이익이 있다.

✿ 전형 절차

• 정규직 전환형 인턴 승무원

| 서류전형 | > | 실무면접 및
어학토론 | > | 임원면접 및
체력검정 | > | 신체검사 | > | 최종합격 |

• 재주 케스팅

| 재주캐스팅
전형 | > | 임원면접 및
체력검정 | > | 신체검사 | > | 최종합격 |

⑦ 이스타항공　　　　　　**EASTAR JET**

✿ 지원 자격 요건

자격 구분	지원 자격
학력	• 전문 학사 이상 학력 소지자(기졸업자 및 2월 졸업 예정자 포함)
전공	• 제한 없음
어학	• TOEIC 550점 이상 또는 이에 준하는 공인 시험의 자격을 취득한 자 – 토익 스피킹 Lv5, OPIC IM2, TEPS 451, TOEFL 63점 이상
신체 조건	• 신체 건강하며 비행 근무에 법적으로 하자가 없는 자
시력	• 나안 시력 0.2 이상 또는 교정 시력 1.0 이상인 자(라식 등 시력 교정 수술 후 3개월 경과자)
병역	• 남자의 경우 병역을 필하였거나 면제된 자
기타	• 외국어 성적의 경우 지원 마감일 기준 2년 이내 국내 정기 시험 성적만 인정 • 해외여행에 결격 사유가 없는 자

❀ 우대 사항

① 어학 능력 우수자(중국어, 일본어 등의 제2외국어)

② 기타 개인 특기 보유자

❀ 전형 절차

지원서제출 〉 서류전형 〉 실무면접 〉 임원면접 〉 최종확정

❀ 처우

- 식비, 랜딩비, 퍼듐별도 지급
- 4대 보험 가입
- 유니폼 일체 지급
- 객실 인턴 승무원 교육 수료 이후, 6개월간 근무 후 소정의 심사를 거쳐 정규직
  으로 전환

❀ 기타 사항

- 근무지는 서울 본사(강서구 소재)이며 숙소 및 출퇴근 교통 수단은 별도로 제공되
  지 않는다.
- 약 10~12주간 교육 실시 후 국내선 및 국제선 비행 근무에 배치한다.
- 인턴 기간 중 또는 정규직 전환 후 학사 일정 관계로 교육 훈련 및 근무에 차질
  이 없어야 한다.
- 국가 보훈 대상자, 다문화 가정, 소년소녀 가장을 우대한다.
- 입사 지원서의 내용이 사실과 다를 경우 합격(입사)이 취소된다.

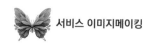

⑧ 에어서울

AIR SEOUL Ａ

❀ 지원 자격 요건

자격 구분	지원 자격
학력	• 전문 학사 이상 학력 소지자(기졸업자 및 2월 졸업 예정자 포함)
전공	• 제한 없음
어학	• 어학 성적 고득점자 우대
신체 조건	• 기내 안전 및 서비스 업무에 적합한 신체 조건을 갖춘 자
시력	• 교정 시력 1.0 이상 권장
병역	• 남자의 경우 병역을 필하였거나 면제된 자
기타	• 영어 구술 성적표(TOEIC Speaking, GST, OPIc)는 소지자에 한하여 기재하며 성적 우수자는 전형 시 우대함 ※ 외국어 성적의 경우 지원 마감일 기준 2년 이내 국내 정기 시험 성적만 인정

❀ 우대 사항

• 어학 능력 우수자(중국어, 일본어 등의 제2외국어)
• 기타 개인 특기 보유자

❀ 전형 절차

온라인 입사지원 ＞ 서류전형 ＞ 1차면접(실무자) ＞ 2차면접(임원) ＞ 건강검진 체력측정 인성검사 ＞ 최종합격

❀ 발표 방법: 채용 사이트 내 개별 조회

❀ 참고 사항

• 1, 2차 면접 일정 및 최종 입사일은 차후 안내 예정
• 2차(임원)면접 합격자에 대해 체력 측정/건강 검진/인성 검사 실시

체력 측정 항목 - 배 근력, 악력, 윗몸 일으키기, 유연성

❁ 제출 서류

① 국문 입사 지원서(온라인 작성)

② 기타 서류(2차 면접 시 제출)

- 어학 성적표 원본
- 최종 학교 졸업(예정)증명서(편입한 경우 편입 전 학교 증명서 포함)
- 졸업 예정 증명서 발급 불가 시 재학 증명서 대체 가능
- 성적 증명서(4.5 만점으로 환산, 편입한 경우 편입 전 학교 증명서 포함)
- 자격증 사본
- 경력 증명서
- 취업 보호 대상 증명원(해당자)
- 기타 입사 지원서에 기재한 내용을 증빙할 수 있는 서류

❁ 기타

① 국가 보훈 대상자는 관계법에 의거 우대한다.

② 필요 어학 자격 및 학위 보유자는 우대한다.

③ 지원 사항 및 제출 서류에 허위 사실이 있는 경우 채용이 취소될 수 있다.

④ 지원자 본인이 직접 제출한 서류는 반환이 가능하며, 자세한 사항은 에어서울 채용 사이트 내 공지 사항을 참조한다.

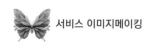

제2절 국내 주요 항공사 공인 외국어 성적 지원 자격

항공사	지원 자격	비 고
대한항공	• 토익 550점 또는 토익 스피킹 레벨 6이상	• 영어 구술 성적 우수자는 전형 시 우대
아시아나	• 토익 성적 소지자	• 영어 구술 성적 우수자는 전형 시 우대
진에어	• 토익 550점 또는 토익 스피킹 레벨 6이상	• 제2외국어(일본어, 중국어) 능통자 전형 시 우대
티웨이	• 토익 600점 이상	• 제2외국어(일본어, 중국어) 능력 우수자 우대
이스타	• 토익 550점 또는 토익 스피킹 레벨 5이상	• HSK 4급 이상 JLPT 2급 어학 능력 우수자 우대
에어부산	• 국내 정기 영어 시험 성적 소지자	• 영어, 일본어, 중국어 성적 우수자 전형 시 우대
제주항공	• 토익 550점 또는 토익 스피킹 레벨 5이상	• 중국어 특기 전형: HSK 5급 이상 • 일본어 특기 전형: JLPT N3 이상
에어서울	• 국내 정기 영어 시험 성적 소지자	• 어학 성적 고득점자 우대

서비스 이미지메이킹

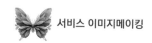
 참고문헌

- 구글 위키백과 목표설정 이론, 인사
- 권혜영, 2015. 꿈을 실현시켜 주는 성공 이미지메이킹, 한올출판사
- 김민수, 최진영.2018. 서비스인들을 위한 이미지메이킹 실무, 새로미출판사
- 나무위키 '악수'
- 미래서비스아카데미2016. 글로벌시대 매너맨을 위한 글로벌 매너, 새로미출판사
- 생활문화연구회(최용구), 2017. 새로 쓰는 매너와 이미지메이킹, 신정출판사
- 성안당(이윤경)2010. 우리가 스킨케어 할 때 이야기하는 모든 것
- 손일락, 김영식, 2013. 비즈니스 매너의 이해, 한올출판사
- 심윤정, 고샛별, 최욱희, 이수명, 2017. 서비스 마인드와 글로벌 매너, 양성원출판사
- 안명숙, 남희림, 김주희, 2014. 매너와 이미지메이킹, 새로미출판사
- 엄경아, 이향정, 연지영, 2016. 서비스인을 위한 이미지메이킹, 지식인출판사
- 에어부산 승무원 유니폼|작성자워드크루withcre
- 오지경, 나윤서, 2015. 서비스 인카운터 이미지메이킹, 새로미출판사
- 윤은숙, 2015. 승무원 언니처럼, 이담북스출판사
- 윤은숙, 조영신, 진경미, 2017. 승무원 면접의 99%, 한올출판사
- 정명희, 이원화, 2014. 이미지메이킹과 매너, 새로미출판사
- 제주항공이 창립 12주년을 맞아 운항 승무원(조종사)과 객실 승무원의 새로운 유니폼 액세서리를 25일 공개했다. 사진=제주항공 제공(매일일보)
- 지희진, 2016. 글로벌 매너와 이미지 스타일링, 한올출판사
- 최승리, 이지은, 이정화, 2017. 승무원 이미지메이킹, 한올출판사
- 홍미이, 2014. 서비스 이미지메이킹, 새로미출판사
- [네이버 지식백과] 말레이시아 [Malaysia](한국민족문화대백과, 한국학중앙연구원)
- [네이버 지식백과] 베트남 [Vietnam, Socialist Republic of Vietnam](한국민족문화대백과, 한국학중앙연구원)
- [네이버 지식백과] 베트남 [Vietnam](두산백과)
- [네이버 지식백과] 얼굴 팩 - 피부 기능을 활성화시키는 팩과 친해지자
- [네이버 지식백과] 일본 [Japan, 日本](한국민족문화대백과, 한국학중앙연구원)
- [네이버 지식백과] 자외선 차단제 - 피부 노화의 주범 자외선을 차단하자
- [네이버 지식백과] 자외선차단제 [sunscreen](두산백과)

- [네이버 지식백과] 태국 [Kingdom of Thailand, タイ, 泰國] (저스트고(Just go) 국가별 여행 정보)
- [네이버 지식백과] 퍼스널 컬러 [Personal color](두산백과)
- [네이버 지식백과] 퍼스널 컬러 [personal color](색채용어사전, 2007., 박연선, 국립국어원)
- [네이버 지식백과] 필리핀 [Philippines, Republic of the Philippines]
- 에어 서울(AIR SEOUL, ASV, RS) _ 항공기 기종(model), 도장(painting), 로고(logo), 심볼 마크(symbol mark), 승무원 유니폼(uniform)|작성자승
- 직장예절교육 [사내예절과 직장 매너] 출강| 작성자kbcworld00]
- allets.com
- bossladyownit.com
- http://cafe.naver.com/anc89/74899
- http://cafe.naver.com/stewardessbang/39073(보브 커트 사진)
- http://cafe.naver.com/wantufly/2330
- http://careernote.co.kr/1241 [정철상의 커리어노트]
- https://naver.me/5rMRHmbh
- http://www.gnnews.co.kr/news/articleView.html?idxno=175927
- http://www.huffingtonpost.kr/2014/10/06/story_n_5936730.html
- https://blog.naver.com/isu69/220832790954
- https://blog.naver.com/namchae84/221002794869
- https://m.post.naver.com/viewer/postView.nhn?volumeNo=16977157&memberNo=35042425&clipNo=10&searchKeyword=손톱 관리&searchRank=5
- https://naver.me/xzLJIYPD
- https://naver.me/5dnIwqxT
- https://naver.me/5bdjPEXH
- https://namu.wiki
- https://news.naver.com/main/read.nhn?oid=417&aid=0000314924
- https://www.skyscanner.co.kr/news/onboard-ettiquette

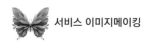

저자 양 근 애

- 경기대학교 서비스경영전문대학원 서비스컨설팅학과 석사·박사
- 전) 아시아나항공 캐빈서비스팀 객실승무원 부사무장
  코드 비행 전담 승무원
  차일드팀 전담 승무원
  이미지메이킹 담당 승무원

비즈니스클래스 시니어 교육
퍼스트클래스 교육
- 현) 대림대학교 항공서비스과 조교수
  이미지메이킹 교과목 담당
  비행중서비스 교과목 담당
  착륙전후서비스 교과목 담당

〈저서〉

- 통통 항공서비스 실무, 홍윤희·서현경·양근애 공저, 양성원
- 한권으로 완성되는 승무원 이미지메이킹, 한올출판사
- 서비스이미지메이킹, 한올출판사

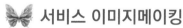 서비스 이미지메이킹

초판 1쇄 인쇄   2023년 8월   5일
초판 1쇄 발행   2023년 8월 10일

저 자   양 근 애
펴낸이   임 순 재
펴낸곳   (주)한올출판사
등 록   제11-403호
주 소   서울시 마포구 모래내로 83(성산동 한올빌딩 3층)
전 화   (02) 376-4298(대표)
팩 스   (02) 302-8073
홈페이지   www.hanol.co.kr
e-메일   hanol@hanol.co.kr
ISBN   979-11-6647-364-7

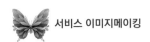

서비스 이미지메이킹